沉思录

[典藏版]

[古罗马] 马可·奥勒留
(Marcus Aurelius) 著
王燕珍 陈利红 译

华中科技大学出版社
中国·武汉

图书在版编目（CIP）数据

沉思录/(古罗马)马可·奥勒留著；王燕珍，陈利红译.-- 武汉：华中科技大学出版社，2016.10（2023.11重印）

ISBN 978-7-5680-2257-6

Ⅰ.①沉… Ⅱ.①马… ②王… ③陈… Ⅲ.①斯多葛派—哲学理论 Ⅳ.① B502.43

中国版本图书馆CIP数据核字(2016)第235752号

沉思录
[古罗马]马可·奥勒留（Marcus Aurelius） 著
Chensilu
王燕珍 陈利红 译

责任编辑：	沈剑锋
封面设计：	嫁衣工舍
责任校对：	李 琴
责任监印：	张贵君

出版发行：华中科技大学出版社（中国·武汉）
　　　　　武昌喻家山　邮编：430074　电话：（027）81321913
印　　刷：武汉科源印刷设计有限公司
开　　本：880mm×1230mm 1/32
印　　张：7.5
字　　数：156千字
版　　次：2023年11月第1版第9次印刷
定　　价：28.00元

本书若有印装质量问题，请向出版社营销中心调换
全国免费服务热线：400-6679-118 竭诚为您服务
版权所有 侵权必究

无智慧，不青春

一

在人类历史的长河中，不同的国家，不同的民族，都涌现过很多思想家，产生了众多富有智慧和人生洞见的作品。今天，我们所处的是一个物质空前充沛而精神极度苍白的时代，是一个信息空前泛滥而智慧极度稀缺的时代，是一个个性极尽张扬而内心孤独迷茫的时代，也是一个价值观多元化而信仰极度匮乏的时代。

当我们离开课堂步入社会，要开始在这个纷繁复杂的江湖打拼之时，如何能够保证自己不会迷失在欲望里，沉醉在浅薄中，漂浮于喧嚣上？你带上求知的心灵，我奉上圣哲的智慧。有幸能在浩如烟海的典籍中偶遇，这必然是上帝的馈赠。编者希望这套"西方经典文库"能带给你不一样的人生智慧。

二

梁实秋曾说："自古以来，有操守、有修养的哲学家历代都不乏其人，位居至尊、叱咤风云的皇帝也是史不绝书的，但是以一世英主而身兼苦修哲学家者则除了马可·奥勒留外，恐怕没有第二人。这位1800年前的旷代奇人于无意中给我们留下了这一部《沉思录》，我们借此可以想见其为人，窥察其内心，从而对于为人处世、律己待人之道有所领悟，这部书不能不说是人间至宝之一。"

《沉思录》是"西方经典文库"系列的第三本，作者马可·奥勒

◆ 沉思录 ◆
The Meditations

留,就是梁氏推崇备至的,历史上唯一一位"帝王哲学家"(公元161年–180年在位)。

奥勒留全名马可·奥勒留·安东尼·奥古斯都(Marcus Aurelius Antoninus Augustus),罗马帝国"五贤帝"的最后一位,斯多葛派著名哲学家和代表人物之一;公元121年4月26日出生于罗马贵族家庭,从小便接受斯多葛派哲学训练,学习过简单淳朴、吃苦耐劳的生活;同时在希腊文学、绘画、法律等方面接受了当时最好的教育。奥勒留还在孩提之时,就得到了哈德良("五贤帝"的第三帝,公元117年–138年在位)的垂青,被指定为隔代继承人;自青年时代起,即辅佐安东尼("五贤帝"的第四帝,公元138年–161年在位,哈德良的养子。安东尼继位的条件之一,就是哈德良要求他认领奥勒留为养子和继承人)治理国家。公元161年,安东尼逝世,奥勒留正式成为拥有全权的皇帝。

彼时,罗马帝国的"黄金时代"已接近尾声。国内的自然灾害、瘟疫频发,东部和北部边境与外族的战争不断。作为一代贤君,奥勒留工作勤勉,体恤民情;作为统帅,为了稳定边疆、平定叛乱而长期征战四方,军功赫赫。奥勒留也因此成为罗马帝国历史上最伟大的皇帝之一。

但是,奥勒留辛勤的工作,未能挽救衰败的帝国。在一次远征前夕,他的朋友们似乎预感到不祥,便请求他留下自己的箴言。战争还未结束,作为皇帝和统帅的奥勒留便因劳累病倒军中,于公元180年3月17日逝世,享年五十九岁。他身后是一个千疮百孔的帝国,而一个完美哲学家却由此诞生,这也是他最为后世所称道的——作为哲学家的奥勒留。《沉思录》得以保存和流传,斯多葛派的哲思和精神,也得以传承。

三

《沉思录》是奥勒留在二十多年的征战生涯中,在鞍马劳顿之余写下的与自己心灵的对话录。毫无疑问,这是一部个人哲学思考录,是写给自己的书。也因此,作者并没有试图做哲学探讨,也没有藏诸名山、传之后世的奢望,甚至都不曾想给别人阅览的机会——作者只是在实践对道德的热忱。在书中,他记录下了被宫廷、被责任和义务所牵绊的自己,以及自身所处混乱世界的感受,思考了诸如道德、宗教、人生伦理、自然哲学等问题。《沉思录》不仅是斯多葛派的一个里程碑,也是整个西方历史上最为感人的伟大名著。

斯多葛派是公元前300年前后,形成于古代希腊的一个哲学学派,因创始人芝诺经常在雅典集会广场的廊苑(希腊文stoa,原意是"门廊")聚众讲学而得名。斯多葛派认为世界是理性的,宇宙是美好、有秩序和和谐的整体,人是宇宙的一部分,因而也是一个独立的"小宇宙";人类是一个整体,因而人类也是神圣的,国家应该由智慧君主来治理。

在古希腊罗马时期的众多哲学流派里,只有斯多葛派懂得如何培养公民、伟人和帝王。也因此,斯多葛派在整个西方文化思想史上产生了深远而广博的影响。而《沉思录》就是斯多葛派的最后一部杰作,正是它的传世,才使得这个学派的哲学精神得以流传至今,并且深刻影响了近代西方思想文化启蒙。

四

作为一部一千八百多年前,由一位罗马皇帝写下的根本就未曾想出版的箴言录,《沉思录》能得以保存和传承,对后世而言不得不说是一大幸事,也是一个奇迹。事实上,该书的初本,以及版本流传如何,已经不可考证。在漫长的历史长河中,《沉思录》就像暗夜星辰,偶尔会在某次演讲、某本典籍,或者某张信札里闪耀一下它的光芒。

♦ 沉思录 ♦

The Meditations

该书原作由古希腊文写就，内容相当古朴、生涩，前后重复之处甚多，随着不断被译成其他各种语言，故译本亦极多。就英译本而言，仅在英国一地，17世纪就刊行了二十六种版本，18世纪五十八种，19世纪八十二种。限于古希腊文翻译人才难得，本书选用了三种英译本作参照，分别如下：以George Long译本（刊于1862年，流通最广，曾收入《西方名著丛书》，被誉为"标准译本"）为主，以C.R.Haines译本（刊于1916年，有希腊原文对照，曾收入《洛布古典丛书》，是最忠实于原文的译本）和Maxwell Staniforth译本做参考。

我们认为，译著应该随着时代的变迁而重新定义——尤其是在价值观和阅读习惯多元化的当代。我们坚信，无论多么伟大的思想，多么艰深的理论，如果不能在当下找到回应，将最终变为故纸堆。我们坚持，为了让读者朋友阅读到原汁原味的内容，就要采用最经典的译本和最新锐的译者。

因编者水平有限，如有不妥之处，敬请读者朋友们批评指正。

在本书翻译过程中，如下人员提供了帮助，在此谨表谢意（排名不分先后）。他们是：

马兴欢 王刚 王丽 王傲雪 王国超 王燕爽 孔祥炜 孔祥娅 叶红婷 田宝国 冯晓莉 齐小雷 吕文俊 李世忠 刘三红 刘元旭 刘龙勇 刘佳 刘铭 刘珺 陈文 陈凯 张雨 张伟 李志恒 李明波 吴茜 吴丽芳 陈瑛 陆娟 杜丹艺 肖爱莲 杨春秀 罗礼华 罗园月 范桥平 范敦海 施忠岳 胡浩 赵纯爱 柳红娟 高跃飞 耿婷 贾冬梅 贾圆圆 郭志斌 郭海平 夏萍 徐小平 徐宝良 梁江丽 龚建伟 隆琦 曾丹 谢进 彭婷 廖雯丽 戴玄

目录 · CONTENTS

- 卷一 /001
- 卷二 /015
- 卷三 /027
- 卷四 /041
- 卷五 /063
- 卷六 /083
- 卷七 /107
- 卷八 /133
- 卷九 /157
- 卷十 /177
- 卷十一 /197
- 卷十二 /217

1

从我祖父维鲁斯身上,我学到了良好的品德,学会了自我克制。

2

从别人对父亲①的传颂和我对他的追忆,我懂得了谦逊和勇敢。

3

从我母亲身上,我感受到了虔诚和仁慈,学会了行不为恶,思无邪念。从她身上,我学会了简朴生活,远离奢靡。

4

我的曾祖父让我认识到,切不可吝惜于对教育的投入。聘请好的家庭教师胜过在公立学校接受教育。

---

① 父亲:指奥勒留的亲生父亲阿尼厄斯·维勒斯,死于公元136年之前。其祖父于公元138年去世,享年近九十岁。

5

我的家庭教师教导我,不要去拥护竞赛活动中的任何一队,也不要去支持角斗赛里的任何一方。从他身上,我学会了克制欲望,辛勤劳动,自力更生,学会了不插手他人事务,不听信流言蜚语。

6

戴奥吉纳图斯①教会我,不要忙碌于烦琐之事,也不要轻信那些江湖术士②口中所谓灵符和驱魔等诸如此类的胡言乱语;不畏惧但也不热衷于格斗;要乐于接纳直率之言;要学习并热爱哲学,从熟悉巴克尔斯的思想开始,继而去阅读坦达西斯和马西安的作品;要在年轻之时就开始记录日常言谈;生活起居要遵从希腊学者所奉行的律条:住不求舒适,衣不求奢华。

7

从拉斯迪克斯身上,我意识到,我的品格仍需提升和磨

---

① 戴奥吉纳图斯:希腊斯多葛派哲学家和画家,据说是奥勒留的启蒙老师,教授他哲学和绘画。受其影响,奥勒留后成为一名斯多葛派哲学家。

② 江湖术士:戴奥吉纳图斯口中所称应该指基督徒,他们曾宣称能驱魔。另,奥勒留曾限制基督教的传播。

炼。从他身上我学习到:要提防自己误入歧途,不执迷于诡辩,也不在臆想之事上大书特书;不要进行刻意说教,不要以修为高尚者自居,对自己大吹特吹,亦不要刻意地张扬做作的善行;学会了不迷恋于华丽的辞藻、精美的诗篇和精雕细琢的文萃;不行诸如身着户外服装在室内游走等所有不合时宜之事;学会了书信要简洁明了,就像他从锡纽萨写给我母亲的书信一样简练;对于在言行上冒犯我的人要同样予以尊重,且只要对方有和解的意向,就应该乐于化干戈为玉帛。从他身上,我还学会了读书要态度严谨,不可浅尝辄止;对于夸夸其谈之人不可以轻易相信。此外,我也感谢他与我分享他收藏的爱比克泰德[①]的书籍及其思想。

8

阿波罗尼奥斯[②]教导我,要坚持自由的意志,对待目标要坚定不移,要时刻保持理性;在丧子[③]和长期病痛的折磨下也要坚强冷静。他既坚韧又柔和,教导他人时总是温文尔雅;他身体力行,在践行哲学思想中增长自己的经验和技能,且

---

① 爱比克泰德:古罗马著名的斯多葛派哲学家,希腊哲学思想的集大成者,倡导遵循自然规律生活,其思想对后世的哲学家如奥勒留和圣·奥古斯丁等都产生了重要影响。

② 阿波罗尼奥斯:当时著名的大文法家,以脾气坏而闻名。

③ 丧子:奥勒留先后在公元147年和169年丧失两个幼子,但他忍痛泰然处之。

不以此而自傲。从他身上，我懂得了如何对待朋友给予的恩惠：既不因此自惭形秽，也不对其冷漠视之。

9

塞克斯都①让我懂得了仁爱，以及如何借助慈爱的父权管理一个家庭。他教会了我：生活要顺从自然，为人要端庄严肃而不矫揉造作；要认真对待朋友的利益，要学会宽容那些无知及思想浅薄之人。他灵活自如，能够与各色人物打交道，同他相处比聆听各种阿谀奉承都要更加令人愉悦。不仅如此，所有与他交往的朋友都对他敬爱有加。他能够敏锐地捕捉到所有的基本生活法则，且可以把生活打理得井井有条，富有内涵。他从不恣意发泄自己的怒气，亦不会大喜大悲。事实上，他总是饱含深情，却又不会展现过激的情绪。他乐于表达赞许却不浮夸，知识渊博却从不张扬。

10

语法学家亚历山大②教育我不要吹毛求疵。在他人言语粗俗、语病突出或发音不准时，不要无礼打断，求全责备，而

---

① 塞克斯都：古罗马知名历史学家和哲学家，普鲁塔克（公元120年逝世，曾任图拉真、哈德良的老师，在文艺复兴时代产生广泛影响）的孙子。

② 亚历山大：当时知名文法家，公元145年游历罗马时曾下榻官中，后担任奥勒留的希腊文秘书。

◆ 沉思录 ◆

The Meditations

应该寻找合适时机,灵活地予以纠正。比如,在对方向你询问或求证时,或是当你加入到双方的话题谈论后,切勿针对对方的言语错误直接进行评判。

◘ 11

受佛朗图①的教导,我观察到:处在权力顶峰的暴君身上,总是存在妒忌、表里不一和道貌岸然这些性格缺陷;而被称为贵族的那些人,也总是缺乏人类最基本的温情。

◘ 12

柏拉图主义派学者亚历山大教诲我:除非必要,在与人交谈或写信时,不要把"我没有时间"挂在嘴边,也不要频繁地以"处理紧急事务"为借口,来推卸本应对亲友所承担的责任义务。

◘ 13

从卡图卢斯②身上,我学习到:当朋友对你指责挑剔时,即使他是在无理取闹,也不要置若罔闻,而应该尽量帮助他

---

① 佛朗图:当时知名的修辞家、辩护士,曾于142年出任执政官。他和奥勒留关系密切,两人来往信函有若干封留存至今。

② 卡图卢斯:斯多葛派的一名苦修者。

恢复冷静；向多米提乌斯和亚特洛多图斯学习，要乐于发现教师身上的闪光点。他也教会我对待自己的孩子，要倾注真挚的爱。

14

我的兄弟西佛鲁斯教会我：要敬爱家人，热爱真理，拥护正义。通过他，我得以认识特拉塞牙、赫尔维蒂乌斯、加图、狄昂和布鲁特斯。他让我了解到了政体的概念以及在同一政体下要实行统一的法律，维护权利平等和言论自由；即使是由君主统治的政府，也要尽可能地尊重其公民的自由。他教导我：学习哲学要持之以恒，始终如一；要与人为善，乐于奉献；要保持希望，相信朋友之间的友谊。对于他所谴责之人，他会坦诚直言，亦会率真直白地告知朋友他自己的意愿和想法，无须互相揣摩和猜测。

15

从马克西姆斯①身上，我学会了自我管理，保持坚定的意志，不管处于何种境遇，即使是在病痛中，也要保持乐观的心态；要塑造既严肃又柔和的性格，要积极应对生活中的一

---

① 马克西姆斯：即克劳狄斯·马克西姆斯，公元2世纪罗马政治家、斯多葛派哲学家，奥勒留的老师，他们经常一起讨论哲学问题。

切困难和挑战。根据我的观察,他在所有人眼中都是一个直抒胸臆的坦诚之人,而且他的所作所为从不包含任何恶意,也从不会惊慌失措,大惊小怪。他做事总是不慌不忙,从不迟误,灰心丧气。他不会失态大笑以掩饰内心的愤怒,也不会暴跳如雷或疑神疑鬼。他乐于行善,宽容大度,真诚而不虚伪。在世人眼中,他不仅坚持正义,更加致力于自我完善。我还注意到,没有人会觉得自己会被马克西姆斯蔑视,在他面前,所有人都会自叹不如。不仅如此,他还十分幽默风趣,非常容易相处。

16

我的父亲[①],他彬彬有礼,做事深思熟虑,意志坚定。他热爱劳动,且从不贪图所谓的虚名。对于能够帮助提高大众福利的提议,他总是乐于听取和采纳。他待人赏罚分明,行事张弛有度。

据我所知,父亲不遗余力地打击恋童行为。他从不认为自己高人一等,也不会要求朋友与他同桌而餐或陪同外出,对于那些无法相陪的朋友,只要事出有因,他都会一如既往地对待他们。对于那些需要慎重对待的事务,他的处理从不流于表面,一定要进行全面深入的调查。他努力

[①] 父亲:指奥勒留的养父安东尼·派厄斯皇帝,即"五贤帝"的第四帝,罗马帝国在他的统治下达到全盛。

维系同朋友之间的长久友谊，对待朋友从不热衷一时，但也不会过分依赖。不论境遇如何，他总能自足常乐，做事喜欢深谋远虑，规划也总是细致入微，但却从不因此而自鸣得意。对于公众的赞扬和阿谀奉承，他总是谨慎而警惕。处理国家政务，他恪尽职守；管理国家财务，他使用有度，且能够虚心接受批评。他既不迷信神灵，也不以恩惠和谗言博取大众欢心。在对待所有事情上，他都表现出一贯的冷静和坚韧。他从不心怀狭隘的思想，亦不做卑劣之事，同时也不热衷于新奇之物。

如果命运赐予他充足富裕的生活，他既不会暗自窃喜，也不会惶恐不安。如果生活充裕，他会坦然享受，但绝不沉迷；如果生活匮乏，他也不去刻意追逐。在世人眼中，父亲不善诡辩，不喜卖弄，不轻浮傲慢，也不墨守成规。他是人们公认的完美之人：性格成熟稳重，不轻信谄媚之言，而且有能力处理自己和他人的各种事务。此外，他还十分尊敬真正的哲学家，然而对于那些自诩为"哲学家"的伪哲学者，他既不去批评指责，也不会轻易受到他们的迷惑。他在与人交谈的时候十分随和，从不为自己过激的情绪而冒犯他人。

父亲十分关注自己的身体健康，但并非由于他过于贪恋生命。他虽然注重个人仪表，但也绝非过分在乎自己外貌的人。他之所以努力维持健康，是想要避免就医吃药的麻烦。对于拥有杰出才华的人，例如那些赋有突出演说才能，或者

沉思录
The Meditations

具备渊博的法律或道德知识的人,他不仅不会心怀嫉妒,还非常乐意主动"让贤"。他主动给他们提供帮助,争取让每个人都根据自身的能力享受到应有的待遇和尊重。对于国家法律,他总是恪守本分,依法行事。

另外,父亲不喜欢变更或动荡,喜欢待在同一个地方,献身于自己一贯的事业。在头疾发作之后,他能够很快地恢复到原来饱满活跃的状态,继续之前的忙碌。他内心很少有深藏不可见人的秘密,即使有,也是事关公务的机密。他行事从来只做应做之事,而不在乎事后的虚名,因而并不热衷于营造吸引大众眼球的噱头以及建造公共建筑,而在发放善款方面也是十分审慎。他从不在不合时宜的时候沐浴,也不喜欢建造房屋。他既不挑剔饮食,也不讲究衣服的纹理和色泽,反不在乎自己的奴仆是否美丽可人。他的衣服主要来自于拉努维尔姆以及他在罗内姆滨海的住所。在图斯库鲁姆的时候,曾有一位收费员向他道歉,寻求他的谅解,从父亲当时的举止,就可以大致看出他的为人处世了。

父亲为人一点也不苛刻,不爱记仇,也不暴力极端,做事的时候也从来不会急得满头大汗。他似乎总有用不完的时间,不管做什么事,都会慎重考虑,从不惊慌失措。他做事井井有条,乐观积极,且坚持不懈,他的为人几乎可以与苏格拉底相媲美。对于外在的物质享受,很多人要么无法抵制诱惑,过分沉迷,要么毫无节制,欲壑难填。而他却可以做到既不沉迷也不过分追求,这都得益于他坚定勇敢,无所畏惧的性格。他在马克西姆斯病痛中的表现，正是他性格的写照。

17

感谢神明，赐予我和蔼的祖父母，仁慈的父母亲，善良的姐姐，慈爱的老师，友爱的朋友，以及所有美好的事物。我的性格很容易冒犯他人，但是感谢神明赐予了我这些慈爱的亲友，幸得他们的宽容疼爱，我才能够与他们平和地相处，从无冒犯之处。另外，我还要感谢神明，让我儿时无须长期接受祖父之妾的抚养，因而可以健康地成长，并能够正常成年，其间甚至还享受了较他人更多的快乐时光。感谢神明，让我得以接受一位身为统治者的父亲的教育，他去除了我身上所有的傲慢和自满，教导我即使身处皇宫，也可以简朴生活：无须成群的守卫和华丽的衣服，也无须辉煌的灯火和雄伟的雕塑。一位君王如果足够伟大，就可以做到即使像平常公民那样生活，在处理公众事务的时候也还可以保持一位统治者应有的宽广心胸，既不心怀恶意，也不玩忽职守。

感谢神明赐予我一位品德高尚的兄弟①，由于他的榜样作用，我得以培养自己的自律能力。此外，他还尊重我，疼爱我，让我备感关怀。感谢神明赐予我身体健康，智力正常的孩子。鉴于我一旦在修辞和诗歌等方面取得一点进展，就

---

① 兄弟：应指奥勒留的养兄卢修斯·奥勒留·维勒斯，也是后来的共治皇帝和他的女婿。

◆ 沉思录 ◆

The Meditations

会很容易沉迷于此类知识的学习，因而我十分感激神明，让我没能在修辞和诗歌的学习上取得很大的成就。对于抚养我长大的长辈，我没有心存侥幸，想着来日方长，日后再报答他们，而是在他们还年轻的时候，就给予他们本应得到的尊敬，对此我也心存感激。感谢神明，让我有幸结交阿波罗尼奥斯、拉斯迪克斯①、马克西姆斯。

此外，由于时常接触到"遵从自然生活"的思想，我对这一观念感悟颇深，也清楚地认识并遵从这种思想的本质去生活。感谢神明的眷顾和启迪，我才能够克服一切困难，顺从本真的自然生活，尽管由于我自身的不足，或者无法聆听神明的告诫甚至是直接指引，会时而偏离这种生活轨道。感谢神明，赐予我健康的身体，让我得以享受长久的生命；让我无须和哈德良②的妃子贝尼迪克塔以及宠仆提奥多图打交道。尽管我曾一度深陷热恋的泥潭，最终却得以从中解脱。虽然和拉斯迪克斯相处的时候，我经常会情绪失控，但幸而也未曾做过什么让自己懊悔的事情。虽然母亲英年早逝，但幸运的是，我可以陪伴她度过她生命的最后几年。当我希望向他人伸出援助之手时，不管是什么人，也不论他处于何种困境，我都有能力为他们提供帮助，对此我心存感激。

---

① 拉斯迪克斯：斯多葛派哲学家，曾两次被奥勒留委任为执政官。

② 哈德良：罗马帝国安敦尼王朝"五贤帝"之第三帝，他在位期间修筑了"哈德良长城"。

我同时也庆幸，从来没有遇到过需要向他人求助或者接受他人恩惠的境况。感谢神明，赐予我一位如此温顺、真挚且纯洁的妻子；赐予我的孩子多位良师；在睡梦中赐予我，也赐予他人治愈吐血症和眩晕症的良方①。在我学习哲学的时候，从来没有受到任何诡辩家的迷惑，也从没有浪费时间去阅读史学家的著作，没有固执地去研究三段论，亦没有浪费时间去探究深奥的物理现象，因为所有这些事情，都需要依靠神明的眷顾和命运的垂青。

本卷写于格拉努瓦的奎代。

---

① 当时的一种普遍的风气，人们治疗疾病主要依靠神明在梦中赐予的药方。

卷二

◆ 沉思录 ◆

The Meditations

1

每天清晨,都需要提醒自己,今天我会遇到这样一群人:他们爱管闲事,不知感恩,傲慢自负,谎话连篇,心怀嫉妒,冷漠孤僻。究其根源,这都是由于他们无法区分善与恶所造成的。在见证了善之优美,恶之丑陋之后,我清楚地知道:那些为恶之人,他们也和我一样,都是拥有血肉之躯的普通人,他们也同样具备人类的智慧和神圣性。他们中的任何人都不能伤害到我,因为我不会随他们一起堕落,同他们一道去为非作歹。同样,我也无法对他们发怒,亦不能怨恨他们,因为人类生来就是需要合作的,就如同我们的手脚、眼睑和唇齿之间的协同配合一样。而互相敌对是违背人类的本性的,因为互相敌对势必会导致矛盾纠纷,甚至造成背道而驰的局面。

2

不论人的本质是什么,其构成要素也无外乎这三种:血肉之躯,维持生命的呼吸,占支配地位的理性。把你的书籍都扔到一旁去吧,不要再受其干扰了:这是不被允许的。假如你的生命已经走到了最后,那也无须贪恋你的血肉之躯:那不过是一具由血肉、骨骼、神经和血管组合而成的混合物罢了。再来看看我们"呼吸"的究竟是何物:空气,也就是这一刻呼出，下一刻又吸入的气流，而这气流又处于不断的流动变化之中。最后，再说占支配地位的理性，请设想一下：假如你已步入了迟暮之年，那就请不要再继续奴役你的理性了，不要出于一些个人的私欲把理性像牵线木偶一样扯来扯去，也不要再抱怨当下，畏惧未来了。

3

所有来自神明的事物都蕴含着天命，而所有命运的给予也都与自然本性和天命密不可分。天命是万物的起始，除了天命，还有统治整个宇宙运行的自然规律，而人类也是宇宙万物之中的一部分。但是只有宇宙本性所带来的，以及那些有助于维系宇宙本性的事物，才是真正有益于宇宙中所有个体的。而宇宙本性的维系，需要依靠其构成要素以及要素组合的发展变化。请让这些思想上升为指导你生活的原则，并认真遵守。请摒弃你对书本的渴求，不要在生命的最后依然抱怨和不满，要对神明心怀感激，真诚愉悦地走完生命的旅程。

4

想一想，这些早该去做的事情，你已经推迟了多久？有多少次，你都把神明赐予你的机遇白白浪费掉了？对你所处的宇宙以及利用宇宙运行的自然规律，你现在必须要有所认识了。你要意识到,你的生命是有限的,如果你不在这有限的时间内扫除所有困扰你思绪的疑云,那么,随着生命的消亡,你也将随之消逝,永不复还。

5

你应该时刻都像罗马人那样思想坚定,带着尊严和热情,自由公正地去处理手头的每一件事,全身投入,不受其他闲杂思绪的干扰。如果把每件事都当成是生命的最后一件事来处理,抛弃一切草率的决定和与理性相违背的情感,抛弃所有的虚伪、自私和不满,那么,你的生命就会变得极为轻松。最后你会发现,真正重要的事情少之又少,如果人们可以只关注这些事情,那么,就可以像神明那样安闲宁静地生活了。而神明对你所有的要求,也不过是希望你能判断出哪些事情才是真正重要的。

6

如果你不能善待自己,你将永远失去弥补的机会。每个人的生命都是足够长久的,而你的生命已经接近尾声,但你的灵魂还无法善待自己,依然把自身的幸福寄托在他人身上。

7

是不是身外之事干扰到你了？花点时间去学习美好的新奇事物吧，不要再碌碌无为了。但是同样切忌不要走向另一个极端，因为对于那些没有明确的指导行为和思想目标的人来说，忙于过于烦琐的事情同样也是在浪费生命。

8

一个人如果不整天忙于琢磨他人的想法，那他一般都会十分快乐；相反，如果他从不花费精力去探究自己的内心活动，那么也很难获得幸福。

9

对于以下这点你必须牢记在心：整个宇宙的本质是什么，你的本质是什么，两者之间有何关联，以及你在整个宇宙中处于何种地位。既然你是宇宙中的一部分，那么，你的所有言行都必须遵从自然本性，没有人可以阻止你这么做。

◆ 沉思录 ◆

The Meditations

◪ 10

按照人类对恶行的一般理解,泰奥佛拉斯托斯[①]对不同类型的恶行进行了对比,然后得出了一句很有哲理的话:较之基于愤怒的冒犯行为,基于个人欲望的冒犯行为更加恶劣。因为处于怒火中的人会丧失正常的理性,言行冒犯的人本身也是痛苦的,而且潜意识里会对自己的言行有所克制;而基于欲望的冒犯行为则是受快感操控的,因而其言行会更加无礼和放肆。然后,他又颇具哲学家风范地说道:相比较而言,基于欲望的冒犯行为要比基于自身痛苦的冒犯行为更加可鄙。后者的行为主体极有可能是由于自身遭受了不公平待遇,出于痛苦和怒火,最终导致了对他人的冒犯;而前者则是出于个人的欲望,在快感的操控下对他人进行的言行冒犯。

◪ 11

由于你的生命时随时都有可能会结束,所以你需要相应地对你的言行进行掌控。如果有神明存在,那么即使是结束自己的生命,离开人世间,也没有什么好畏惧的,因为神明是不会弃你于罪恶的深渊而不顾的。但是如果神明并不存在,或者他

[①] 泰奥佛拉斯托斯:公元前4世纪的希腊哲学家和自然科学家,先后受教于柏拉图和亚里士多德,有多部著述传世。

们对人类的事务并不关心在意，那么，我就不知道生活在这个没有神明或来自神明的天命的宇宙究竟有何意义？但幸而，神明是真实存在的，他们也十分在意人的事务，且通过各种方式赋予了人类力量，不让其永堕罪恶的深渊。至于在其他方面，如果有邪恶存在，那么神明同样也会给人以指引，让人们具备对抗邪恶的力量。但是，如果邪恶并不能腐蚀一个人的本性，又怎么会让他的生活变得糟糕不堪呢？宇宙本身不会因为忽视邪恶的存在，或者是留意到了邪恶的存在，却没有能力去防御或更正，只能对其放任不管；也不可能因为缺乏能力或技巧而犯下大错，不论善恶导致所有人都要去经历各种善恶之行。但可以肯定的是，不论生与死，荣誉与耻辱，还是痛苦与欢乐，这些都一律会降临到所有善良和邪恶之人的身上。而所有这些经历都不会改变我们或善或恶的本性，因而这些经历也就无所谓善恶之分了。

12

世间万物转瞬即逝：我们的形体消散在宇宙空间中，而我们的记忆也在时间里消逝不见。我们感知的对象，其本质是什么？另外，我们对愉悦的欣喜，对痛苦的恐惧，以及对虚名的向往，它们的本质又是什么？它们都是毫无价值的，卑劣可鄙的，肮脏污秽的，毫无生机且极易消亡的，所有这些都需要我们运用人类的智慧去观察认识。另外，我们还需要去观察留意,哪些人的思想和观念才是真正有价值的。死亡是什么?事实上,如果我们能够直面死亡,运用人类伟大的抽象思维,对我们想象中的死亡进行解剖分析,就会发现死亡其实只是大自然运作中的一个环节而已。如果有谁畏惧这种运作,那他一定是不够成熟的。这种运作不仅是大自然的一个环节,还是自然的意义所在。我们还需要观察,人类是如何跟神明进行交流沟通的,沟通时又是借助身体的哪一部分,这一部分又是何时从我们身体消亡的。

13

对一个人来说,最为可悲的莫过于:世间的一切事物,他都想要去打听探究,其好奇心甚至还延伸到地底下。这种人,正如诗人[①]所说,还喜欢对左邻右舍的想法妄加猜测。殊不知,他的精力还不足以去守护自己内心的神明。我们需要真诚地对待内心的神明,这也就意味着,我们需要摒除一切激情和轻率,并避免对神明和人类产生不满情绪。因为,所有来自神明的事物都是美好的,值得我们去尊敬。而所有来自人类的事物,都与我们同根同源,值得我们以爱相待。如果人类善恶不分,甚至还会引发我们的怜悯。善恶不分是人类的一大缺陷,堪比不分黑白。

---

① 诗人:指古希腊抒情诗人品达。

14

即使你能够享有三千年的生命,且可以在一万年之内多次重来,那也请谨记:你当下的生命只有一次,失去了就不再拥有。生命不论长短,其结果都一样。因为当下的时光对所有人来说都一样,所以我们失去的也似乎只是当下的这一瞬间,但是逝去的生命却是各不相同的。一个人既无法失去过去,也无法错过未来:对于本就不属于他的东西,又何谈失去呢?以下两点,请牢记于心:一,永恒的万物都是形体相似且循环往复的,在未来数百年甚或永恒里,一个人能否见证相同的事其实都是毫无差别的;二,一个人的生命不论长短,他所失去的东西都是一样的,因为一个人可以被剥夺的唯有当下的时光,如果当下是一个人所唯一拥有的,那这也是他唯一可以失去的。

15

记住,所有这些都是我们的观念认知。犬儒学派的摩尼穆斯①所说的这句话,其意义显而易见。如果人们认同这句

---

① 摩尼穆斯:第欧根尼(出生于一个银行家家庭,古希腊哲学家,犬儒学派的代表人物,因住在木桶里的诡异之举而为世人所知,被称为"住在木桶里的哲学家"。相传,亚历山大大帝曾专程拜访他,问他有什么愿望,并保证一定满足他的愿望,第欧根尼回应道:"我希望你闪到一边去,不要挡住我的阳光。")的学生。相传,摩尼穆斯原本是奴隶,一个偶然的机会,他听说了第欧根尼的言行而心生敬仰,于是通过装疯使得主人把他发掉,才得以有机会追随之。

话，并接受其所蕴含的真谛，那么，这句话的功用也就是显而易见的。

16

人类的灵魂遭到扭曲，通常是通过以下五种方式。第一，因怒火将自身变成一个大脓肿时，其对灵魂的伤害，犹如滋生出来的肿瘤对宇宙本身所造成的伤害。因为不论我们因为何事而恼火，都是有悖于自然的，而世间万物的本性都是蕴含在自然之中。第二，当灵魂对人类产生厌恶，甚至意欲伤害人类的时候，例如那些处于怒火中的灵魂。第三，当灵魂受到快感或痛苦操控时，其自身也就被扭曲了。第四，当灵魂披上虚伪的外衣，言不由衷，行为虚假时。第五，当灵魂允许自身去做一些漫无目的之事，或者行为轻率、缺乏深思熟虑的时候。需知道，即使是最微不足道的事情，也是应该有其目的性的。作为理性动物的人类，我们需要遵循先辈们治理国家和城邦时所坚持的最古老的原则和律条。

17

对人类来说，生命是转瞬即逝的；存在也处于不断地流变之中，认知是懵懵懂懂的，躯体也是极易腐烂的。而人的灵魂躁动不安，命运不可预测，声名也难作定断。简而言之，所有与躯体有关的都处于永恒变化之中，而所有与灵魂相关的也都犹如南柯一梦，镜花水月。生命是一场没有硝烟的战争，我们不过是这世界的匆匆过客，名望过后即被遗忘。那么，又有什么可以为我们提供指引呢？只有哲学！要遵从哲学，我们需要保持内心的神明不受扭曲和伤害，要超越痛苦和愉悦。我们所有的行为都要遵循一定的目标，要保持真诚，不虚伪，不盲从他人，也不无所事事。此外，要积极地应对所遇到的一切，也要平和地接受所拥有的全部，因为不管这些东西来自何处，其来源同样也是人类的本源。最后，要以一种轻松的心态等待死亡的降临，因为构成物质的所有一切元素，最终也都会分解还原，尘归尘，土归土。如果构成不同物质的元素之间只是相互转化，对元素本身并无任何伤害，那么，人类又为什么会对此有所顾虑，对元素的分解心存畏惧呢？须知，元素的分解是自然规律，而所有符合自然规律的事物都无好坏之分。

本卷写于卡农图姆[①]。

[①] 卡农图姆：今属匈牙利，在维也纳附近。公元171年－173年日耳曼战争期间为奥勒留驻军之地。

卷三

◆ **沉思录** ◆
The Meditations

1

我们不应该只是怀想生命在日复一日地流逝,而且来日只少不多。还有一个因素也需要考虑,那就是:随着一个人年龄的增长,他对事物的理解能力是否会衰退?他沉思和冥想的能力是否会保持不变,以便继续获取有关神明和人类的知识?要知道,一个人一旦到了迟暮之年,他所有的身体机能,例如排汗、摄食、想象力和求知欲等,都会随之衰退。但是,要充分发挥自身价值,全面理解责任的内涵,透过表面正确区分不同事物,以及判断一个人是否还有继续存活的价值,所有这些都需要我们轻车熟路地运用理性来解决,然而我们运用理性的能力却早已消退了。因而我们必须要有紧迫感,这不仅是因为我们的生命正在一天天地走向死亡,更重要的是,我们对事物的认知和理解能力会在死亡来临之前就消退不见。

2

我们还需要了解,即使是那些遵循自然而产生的事物,其间也蕴含着令人愉悦的迷人部分。例如,面包在烘烤的过程中,表面会产生裂痕,这些裂痕固然不在面包师的烘烤计划之内，但从另一个角度来看，它又是美妙的，因为特别能引起人们的食欲。再例如，无花果在完全成熟的时候，会崩裂开来；熟透的橄榄在濒临腐烂的时候，也会散发出一种别样的美；还有低垂的玉米穗、狮子凸出的眉头、野猪嘴角流出的泡沫等，尽管它们都称不上美，但是作为自然运作的产物，其本身也是可爱的，如果我们对其进行严肃的剖析，同样也会让我们深感愉悦。

如果我们能够满怀柔情地对宇宙间所有的事物都进行深入分析，就会发现，所有遵循自然法则而产生的事物都是令人愉悦的。以这种心态去观察，我们就会发现，较之画家和雕刻家刻画的动物形象，野兽张开的血盆大口也并不逊色多少；即使是在老年人身上，也同样散发着成熟之美；带着纯净的眼睛，尤其能够发现年轻人的迷人可爱之处。万物的美妙之处都会一一展现，但是并不是所有人都能够目睹它们的风采，只有那些真正熟悉自然的运作以及自然作品的人，才能见证其美妙。

◻ 3

希波克拉底①治愈了很多病人，他本人最后却因病死去；占星家预言了很多人的生死，最后也没能逃过死亡的命运。

---

① 希波克拉底：古希腊著名医师，西方医学的奠基者，被尊为"医学之父"。著名的"希波克拉底誓言"即出自于他。

◆ 沉思录 ◆
The Meditations

亚历山大[①]、庞培[②]和恺撒大帝[③],他们曾率军摧毁了一座座城邦,也曾在战场上亲手屠杀了很多骑兵和战士,然而他们最后也并没有获得永生。赫拉克利特[④]曾多次预言宇宙最终会被大火吞噬,他最后却被水淹没,在泥沼中窒息而死。德谟克利特[⑤]死于卑微的虱虫,苏格拉底[⑥]死于另一种害虫。

这说明了什么?这说明:一旦你踏上了生命之船,就意味着正式开启了人生之旅,而你的人生之船最终都有靠岸之日,船靠岸之日[⑦]即是你下船之时。假如我们死后会有来生,那么在来生的世界里,我们将不再需要神明。但假如我们死

[①] 亚历山大:即亚历山大三世,马其顿帝国国王,亚历山大帝国皇帝,世界古代史上著名的军事家和政治家,欧洲历史上最伟大的四大军事统帅之首(另三位是汉尼拔、恺撒大帝、拿破仑)。他曾师从古希腊著名学者亚里士多德。

[②] 庞培:罗马共和国末期著名的政治家、军事家,军功显赫。他骁勇善战,残忍嗜杀,后败于恺撒,被杀。

[③] 恺撒大帝:罗马共和国晚期杰出的政治家、军事统帅,同时也是罗马帝国的奠基者。

[④] 赫拉克利特:古希腊哲学家,爱菲斯学派代表人物。他本该继承王位,但却将王位让给兄弟,自己跑去隐居。他是朴素辩证法思想的代表人物,认为火是万物的本源,按一定尺度燃烧,又按一定尺度熄灭。"人不能两次踏入同一条河流"的名言即出自于他。

[⑤] 德谟克利特:古希腊哲学家,原子唯物论提出者,认为万物由原子构成。历史上并没有他死于虱虫的记载。

[⑥] 苏格拉底:古希腊哲学家、演说家、柏拉图的老师,因"渎神""违教"的罪名被投入监狱,最后被判死刑,服毒而死。此处"另一种害虫"意指控诉苏氏有罪的人。

[⑦] 靠岸之日:古埃及谚语,意指死亡。

后会进入到一种没有任何感觉和知觉的状态,那我们也不会再感受到任何痛苦和快乐,不再给肉体做器具,而是为更加高级的生命服务:后者象征着智慧和神圣,前者则代表着尘埃和腐败。

4

如果你不能花费时间去思索如何维护公众的利益,那就请不要把你的余生浪费在为他人烦忧上。他在做什么?他为什么要这么做?他在说什么?他在想什么?他在谋划什么?如果你浪费时间去思考这一类的问题,那将错失去做其他事情的机会,因为你在琢磨这些东西的时候,势必无法再专注于主导自己的理性。因此,对于那些没有任何目的和价值的思考,以及想要窥探一切的欲望和恶意,我们都应该学会克制。我们应该去思考一些明朗而清晰的事情,只有这样,在被人问及的时候,我们才可以毫不犹豫、开诚布公地告诉对方我们的心中所想,而且你的回答应该能够清晰地反映出你想法的单纯和善意。你的思想应该符合人类的身份,不应关注于肉体的快感和享乐,也不应该包含任何让你羞于开口的想法,比如敌意、嫉妒和怀疑等。

如果一个人的思想能够达到上述境界,那么,他无疑就是最为优秀的人类代表了,就像牧师这样的神职人员一样。此外,他还充分利用被赋予的神性,使自身不受愉悦的影响,不受痛苦的伤害,不在意他人言语的羞辱,也不去为非作歹。他是高尚搏斗中的勇士,不受任何情欲的操控。他坚持公平正义,真诚地接受所遇到的和所拥有的一切。除非是为了公众的利益,否则他们极少去揣摩他人的所言、所为和所想。因为他生命中的所有活动都只依赖于他自己所具有的一切,他时刻提醒且坚信自己具备的一切都是极好的,并努力做到言行高尚。每个人的命运都和我们自身互相依存,不可分割。

我们应该时刻谨记,每一个理性动物都是我们的同类,而人类的本性要求我们关心全人类。我们不应去追逐所有人的思想,只有那些遵循自然本性生活的人,才值得我们去追随。对于那些不遵循自然生活的人,我们也应该时刻提醒自己:他们在出门前后、清晨和傍晚的言行都是不一致的,他们的本性是恶劣的,同他们来往的人也是不纯洁的。由于这些人对自身都有诸多不满,因而对于来自他们的赞美也是不足以让人相信的。

5

劳作要心甘情愿,服务大众要深思熟虑,全心投入。不要过于修饰你的思想,不要唠叨不停,也不要多管闲事。另外,请让你心中的神明指引你的生活。要坚强成熟,要关心政治,像罗马人和管理者那样去生活,坚守自己的职位。同时也随时准备着听从天命的召唤，离开人间，无须宣誓，也无须他人担保作证。要保持积极乐观的心态，尽量不去寻求外部的帮助，亦不应依赖他人获取内心的安宁。我们不应该依赖他人的扶持，而应该学会独自面对。

6

如果你在生命中寻找到了比正义、真理、克制和刚毅更为美好的东西，能够让你遵从理性做事，或在面对无法选择的境况之时，能给你带来更加强烈的自我满足感，如果你果真找到了如此美好的东西，那就请义无反顾地去追随它，并用心去享受你随后发现的美好。

人类生来就被赋予了神性，它控制着我们所有的欲望，引导我们去探究一切呈现在我们面前的假象。正如苏格拉底所说，它本身不受任何感官的诱惑，效忠于神明，且关心人类。如果你寻找到的这个东西无法和心中的神性相媲美，或者远比神性卑微，那就请继续坚持心中的神性吧。因为你一旦向那卑微之物屈服，偏离了神性，就很难再去全心关注我们正常拥有的内在的美好事物。还有另外一些东西，比如来自民众或权威人物的赞美，以及对愉悦的享受，这些都远不及那些理性之美、政治之美和实践之美。尽管这些东西在某个不甚重要的方面可以适应那些优越的事物，但是一旦被吸纳，它们就会吞噬我们内在的美好，我们也会随之堕落。

如果你能够单纯自由地选择那些优美之物，那就请坚持下去。然而，你要说，那些对我有益的呀，不也是好的吗？那么，如果它对理性发展有益，那就继续坚持。但是，如果它只是对肉体的享受有益，那就如实拒绝它，并谦虚地坚持你的判断。注意，在你探寻之时，要注意运用合理恰当的方法。

7

任何事，凡是强迫你背弃承诺，丧失自尊，憎恶人类，或让你怀疑、诅咒任何人，行伪善之事，去渴求那些藏匿在高墙壁垒之后的享乐，即使这些东西对你是有益的，也请避而远之。因为推崇智慧和神明，尊敬优越之物的人，不做悲剧之事，不抱怨呻吟，不追求孤独自处，也不需要他人过多的陪伴。更为重要的是，他们不会追逐亦不会逃避死亡。他们时刻保持灵魂和身体的一致，至于生命的长短，他们毫不介意：即使他们必须此刻就得离开人世，他们也会毫无顾虑地离开，亦如他们做其他任何事那样，优雅而有序。他们在一生中时刻注意，不让自己的思想背离人类的理性，也不违背文明社会成员的身份。

8

如果一个人内心干净纯洁，那么你将不会在他身上发现任何腐败或隐藏的腐朽成分，也不会看到任何伤疤。即使生命的旅程突然结束，他的人生依然是完整的，不会像舞台上的演员那样，在演出还没有结束就提前谢幕离场。此外，他既不阿谀奉承，也不被动接受；既不过分依赖外物，也不对外物避如蛇蝎；既不推卸责任，也不阴险狡诈。

9

请尊重你能够产生主见的能力。在你的理性之中，是否会存在与自然不一致的思想，是否存在与理性的人类不调和的意见，都将取决于它。不仅如此，它还能确保让你不做出草率的决定，敦促你友善地对待人类，虔诚地对待神明。

10

扔掉一切繁杂之事，只专注于那少数重要的事情吧！请牢记：所有的人都只生活在当下，当下的时光是生命中不可分割的瞬间，除此之外，就只有既定的过去和不确定的未来了。由此看来，每个人的生命都是短暂的，且他所寄居的空间也不过是宇宙中微不足道的一隅。至于死后的声誉，看似长久，其实也十分短暂，因为它是依靠同样身为人类的我们来传递，而人的生命本就短暂，加之我们对自身都不够了解，何况是那些久已逝世的先人呢。

◆ 沉思录 ◆

The Meditations

11

除了上面提到的信条,还有一点也需要你谨记在心:对于你所遇见的所有事情,都请为它做出清晰的定义和描述,以便帮助你看到其本质、内在和整体。你需要熟知它的本名,还要知道它由什么组成,会分解成什么样,以及其名称。

要提升我们的思想,最好的办法莫过于:有条理地去深究分析生命中所遇到的每一件事,在审视这些事物的同时,也去思考整个宇宙的本质,思考每件事在整个宇宙中所处的地位和作用,以及它们同人类的关系。人是最高国家组织里的居民,而所有其他城邦都如同组织成国家的家庭单位。你需要思考,每件事情的本质是什么,其构成因素是什么,它此刻呈现在我面前的本质会保持多久,从它身上我可以学习到哪些优秀的品质,比如亲和、刚毅、真实、忠诚、单纯和知足等。

因此,不论遇到何种境况,你都需要提醒自己:这是来自神明的赐予,所有的巧合和机会都是命运流转运行的分配结果。我们的亲人和伙伴,即使他们不知道如何遵循自然去生活,也依然是和我们同根同源的。他们虽然认识不到,但是我却是清楚知道的,也正因为知道,所以才遵循友爱的原则,善意公平地对待所有人。然而,对于那些非善非恶、处于中立的事物，我也尽量去发现其各自的价值。

◻ 12

在处理手边的事情时，请积极认真、严肃平静，全心全意地遵从心中的理性。把理性当成是随时可能需要你返还的出借物，努力保持其纯洁性。如果你能做到这一点，且无畏无求，遵从自然生活，真心接受现状，保证所说的每一句话都是真实可靠的，那么，你的生活就会很幸福。没有人可以阻止你这样幸福地去生活。

◻ 13

医生的刀具总是干净整洁，在需要手术时，这些刀具可以随时拿来使用。你也应该像医生对待其手术刀具一样理解神明和人类的关系，处理任何事情，即使是最微不足道的事情时，要保持心中所坚持的原则不变，注意神明和人类之间本就存在的关联。如果你在处理和人类相关的事情时不考虑神明的因素，就会什么事情也做不好，反之亦然。

◻ 14

不要再漫无目的地游荡了，因为你不会有机会去阅读自己的回忆录①,也不会有机会阅读记载古罗马人和古希腊人言行的史书②,就连你收集来留着在耄耋之年阅读的书籍,你也不会有机会去翻阅。如果你真的在意自己的人生,那就请在力所能及的时候,好好珍惜你生命中最后的时光,抛开不切实际的渴求,自力更生。

15

"偷窃""播种""购买""沉默",以及"看到该做之事",他们不知道这些词汇所表达和代表的丰富内涵,因为它们的意义来自于我们大脑的视野,而非局限于眼睛的视野。③

16

就身体、灵魂和理智三者来说:感觉属于身体,欲望属于灵魂,原则属于理智。根据感官获得的表象看待事物,属于低级的动物行为;完全受欲望主导的行为是野兽行径,这样的男性要么十分阴柔,女气十足,要么就如同法勒里斯④

---

① 回忆录:可能是指本书《沉思录》。

② 史书:有研究者认为,可能是奥勒留自著的一部关于古希腊和古罗马的史书。

③ 此节文意似乎有点不知所云,疑原文有缺失。

④ 法勒里斯:意大利西西里岛著名的暴君。

和尼禄①一样残暴；任由理智引导自己去做一些似是而非的事情，这样的人要么不相信神明，要么背叛祖国，要么喜欢关起门来做坏事。

如果说上面提到的这些事情是这类人的通性，那么对于那些善良的人，他们也有其专属特征：他们满足于现状，对自己的命运感到愉悦；不玷污心中的神明，也不让外部一些乱七八糟的形象去扰乱内在的神性，将其作为神明来虔诚地对待；不说任何有违真理的话，也不做任何有背正义的事。如果有人拒绝相信其生活的单纯、谦逊和自足，那么他要么正处于怒火之中，要么就是偏离了生命的正确轨道。在那条通往生命终点的轨道上，人们本应追求纯真和宁静，欣然接受命运的安排，并时刻做好结束生命旅程的准备。

---

① 尼禄：古罗马有名的暴君。

◆ 沉思录 ◆

The Meditations

■ 1

主导我们内在的力量，如果遵从自然之道，会对发生在我们周围的事情保持高度的敏感，很容易融进生命中所遇到的各种境况。因为它不需要什么物质条件，只要在特定情况下坚定自己的目标即可。不仅如此，它还会把阻碍它的因素转化为自身的一部分，正如大火会吞噬一切阻碍火势发展的物质。如果火光微小，落到上面的物质固然会将其扑灭；但如果火势强劲，就会瞬间吞噬落入其中的所有物质，并借此进一步增强自己的势头。

■ 2

凡事都要目标明确，要遵循完美生活艺术的原则。

■ 3

人们习惯于在乡间、海滨，或在山间寻找归隐之所，对此，你也同样渴求。但这毕竟是大多数人的情况，如果选择归隐到自己的内心，那么只要你愿意，随时都可以。因为在任何安宁、清净的地方，都不如退居到自己的灵魂深处，如果能够通过审视自己的灵魂来获取即刻的安宁，那便再好不过了。可以肯定的是，内心的安宁必然是通过对思想进行有序的管理来实现的。请时常通过归隐内心来为自己充电吧，你所坚持的原则要简洁而精辟，这样才能帮助你彻底清洁你的灵魂，消除你对现状的所有不满。

你又在对什么不满呢？是那邪恶之人吗？那就这样提醒自己：我们这些理性动物都是互相依存的，相互忍耐也是公平对待彼此的一种需要，而且人们也会不自觉地犯错误。想一想，有多少人是因为互相敌对、怀恨或争斗，最后落得惨死，以至于化为灰烬。这样提醒自己之后，是否能获取内心的平静呢？或许，你是对宇宙给予你的有所不满？试想一下：如果没有天命在主导，那整个宇宙就只能是由原子所构成，所有的一切都是机缘巧合所致。或者想一想那些已被众人论证过的言论，即世界是一个政治共同体的事实。这样想一想，来使自己平静下来吧！又或许，你仍贪恋肉体的享乐？请思考一下，思想一旦超脱了肉体，并获得自己的力量之后，就会切断一切和呼吸的联系，不管是微微吐纳，还是大口喘气。另外再想一想你听说过且认同的那些关于痛苦和享乐的言论，你最终就可以让内心平静下来了。

又或许，是那所谓的名声让你烦忧？想一想，万事万物是如何被人类瞬间遗忘的；想一想，在无限的时间中，连接"当下"的"过去"和"未来"；再想一想，那赞美的空虚，假意赞美之人的变化无常和缺乏判断，以及声名本身的狭隘。如此思考，你终会获得内心的平静。整个地球也不过是宇宙中的一隅，而你在地球上所占据的空间又是多么微不足道，人类又是多么微乎其微啊！而那些赞扬你的，他们又会是什么样的人呢？

总而言之，请记得时时退居到自己的内心，且不要分心抑或压抑自己，做一个自由的人。要从人类和公民的角度，作为拥有有限生命的生物，去审视万物。对于那些需要你去思索的事情，你只需记住下面这两点：一，所有外物都无法触及我们的灵魂，因为它们是外在的，是不可动摇的，而我们的烦忧只会来自于内在的思虑；二，你看到的所有事物都是瞬息万变的，它们转瞬即逝，请牢记你已经见证过的那些流变。宇宙处于不断变化之中，生活依赖于我们的观念。

4

人类是理性生物，如果说智力是我们普遍具有的能力，那么理性也是普遍拥有的，由此可进一步推断，指引我们行为的理性也就是普遍的。如果指引我们行为的理性是普遍的，那么法律也就是普遍的。如果法律是普遍的，那么我们也就因此可以被定义为普遍的公民。如果我们是普遍的公民，那么我们也因此成为某种政治共同体内的成员，世界在某种意义上也就是一个政体。如若不然，又有何种普遍的政治共同体能够纳入整个人类，将人类称之为其成员呢？我们的智力、理性以及制定法律的能力也正是来自于这个普遍的政治共同体，不然它们又会来自哪里呢？我身体中土性的部分来源于某种土元素,而那些水性的、风性的以及火性的部分也都来源于某种相应的特定元素(因为万物皆有其来源,亦如凡事皆有其所终),因而我们的智力也必然有其特定的来源。

◻ 5

死和生一样,是自然中的一件神秘之事。它们的组成要素和分解物都是一样的。不论是对死还是对生,我们都不应感到羞耻,因为它们是符合理性生物的本性的,也是遵循我们的理性的。

◻ 6

鉴于人类的本性,死和生都是自然而然的行为,也是人类的必然行为。不接受死和生,就如同拒绝让无花果树孕育果实。不论如何,请牢记:在不久的将来,你和他都将消亡,而在你们消亡之后,你们的名字也会很快被世人遗忘。

◻ 7

抛开"我受到了伤害"这样的观念,受伤害的感觉会随之消失。如果没有了"我受到了伤害"的感觉,那么伤害本身也就不存在了。

8

一件事物，如果不会让一个人本身变得更加糟糕，那么也不会将他的生活变得糟糕。那么，这件事物也不会对他造成任何伤害，不论是内在的还是外在的。

9

在宇宙"万物皆有益"法则的主导下，所有这一切的发生都是必然的。

10

如果你认真去观察，就会发现：世间所发生的一切，都有其合理性。我这里所说的不仅是那些具有连续性的系列事件，还有那些本身具有合理性的事件，这些事情的发生就如同是上天的特意安排。既然你已经开始，那就请继续观察下去。不论你做什么事，都请遵从"善"的原则，去做人们所普遍认为的"善行"，确保你所有的行为都遵守这一原则。

11

你持有的观点，不能跟那些言行失误之人的一样，也不能跟他们希望你所持有的观点一样，你要客观公正地看待所有事物。

12

我们应该坚持下面这两条原则：一，要遵从我们的理性和法律，坚持做有益于全人类的事；二，如果身旁有人纠正你错误的观点或帮助你消除偏见，请如实更正。不过请注意，如果对方的劝解不合理，或者有违公正或大众利益，只是单纯地令人感到愉悦或能够为你带来声誉，那就不要随意改变你的观点。

13

你具备理性吗？当然。那么你为什么要使用理性？因为如果理性能够发挥其正常作用，我便别无他求了。

14

你作为宇宙的一部分而存在，在消亡之际，你依然要回归于你的本源，或者说，通过一番变化回归到宇宙的本源之中去。

15

在同一个祭坛上，香灰飞扬落下，有的在这一刻落定，有的在下一刻飘下，但是其本质都没有任何区别。

16

如果你能够回归到你的原则和对理性的崇拜，那么那些此刻视你如野兽和猿猴的人，不到十天就会尊崇你为神明。

17

不管做什么事，都不要怀揣你会存活千年的妄想。死亡随时都有可能会降临。在生命的有限时间内，在你力所能及的时候，请一切从善。

18

有些人，他们从不关注邻居在说些什么，也不关心他们在想些什么，而只专注于自己的行为，确保自己的行为公正而纯洁，这些人避免了多少不必要的麻烦啊！他们正如阿伽同[①]所说的，不去关心那些堕落的灵魂，只专注于自己的人生之路。

19

那些过分追求死后声誉的人，他们忽略了这样一个事

[①] 阿伽同：公元前5世纪的雅典悲剧诗人。

实,即那些将其铭记在心的人也会在不久的将来死去,这代人的继承者也会相继离世,直至所有愚昧地追记前人的人们全部消逝,那么关于他们的记忆也就从此消亡。即使铭记他们的人是不朽的,他们的记忆也不会消亡,那么这对你来说又有什么意义呢?我指的不是那死去的人,而是活着的你,这对你又有什么意义?赞美除了有一定的实用性之外,它又有什么意义呢?因为你此刻为了这没有意义的赞美,毫无理性地抛弃了自然给予你的恩赐。

▫ 20

不论从哪种角度,凡是美的事物,其本质也都是美的,且它的美就是其全部,赞美并不构成它的一部分。任何事物,也都不因其被赞美与否而增值或贬值。要强调的是,我所说的美的事物,同样包含那些被粗俗之人称之为美的事物,例如那些物质的东西和艺术品。除了规律、真理、仁慈和谦逊,真正美的事物无须其他任何东西的修饰。有哪些美的事物,会因为受到褒扬而获得美,又会因为受到贬低而失去美?如果不被赞美,宝石便会失去其美吗?黄金、象牙、紫袍、七弦琴、匕首、花朵和灌木,这些事物也会因为不被赞美而失去其美吗?

▫ 21

如果灵魂可以长久存在,大气是如何在永久里留存下如此多的灵魂呢？就像那些在很久以前埋葬的躯体，大地又是如何容纳它们的？在一段时间以后，这些躯体都会通过分解转化为另一种形式，从而减少空间的占用。同样地，游离在大气中的灵魂在一段时间之后也会变形扩散，转化为热量回归到宇宙之源，通过这种方式为新的灵魂腾出空间。以上便解释了大气如何长久地留存灵魂的问题。

但是，我们要考虑的，不仅是埋入土中的躯体，还有众多葬身人腹的动物躯体。被人类食用掉的动物何其多呀，它们都葬身于人类的肚腹之中。即使如此，它们在转化为血肉、气体和热量之后，也同样回归到了宇宙。对于这件事，我们要如何探究其真相？唯有弄清楚问题及其成因。

▫ 22

做事不要漫无目的，每做一件事都要秉承公正的原则，在下判断的时候，要对事物有充分的理解和认识。

▫ 23

宇宙啊，凡是于你相协调的事物，于我，都是和谐的；凡是对你而言时机得当的，对我，都不会太早或太晚。自然啊，顺应你的时节产生的万物，都是赐予我的果实：因为万物皆源自于自然，存在于自然，回归于自然。如果诗人赞美：亲爱的刻克洛普斯之城①！你难道不应该赞美亲爱的宙斯之城？

◘ 24

哲学家②告诫我们：如果想要获得内心的安宁，就不要忙于过多的事务。我们也可以换种更好的说法：只做必要之事。身为社会动物，只做理性要求你做的事情。因为，做应做之事，做必要之事，都会让人觉得内心安宁。鉴于我们所做的绝大部分事情都是不必要的，如果避免去做这部分事情，那么我们就会获得更多的闲暇和舒适。因而，不管做何事，人们都应该首先自问：这件事是否必要？我们不仅需要避免不必要的行为，还应该消除掉不必要的想法，只有去除了不必要的想法，多余的行为才能够得以避免。

◘ 25

我们可以去尝试一下那些善良之人的生活方式，他们对所拥有的一切感到满足，也对自己公正的行为和仁慈的性情感到愉悦。

---

① 刻克洛普斯之城：指雅典。刻克洛普斯是传说中雅典的第一位国王，拥有人身蛇尾。

② 哲学家：指德谟克利特。此话是他所讲。

26

这些你都注意到了吗?请仔细看一看吧!不要躁动不安,让自己变得单纯起来吧!有人让你受到不公平的待遇了吗?错待我们的是我们自己。你身上有什么不好的事情发生吗?其实,从宇宙之始,所有发生在你身上的事情都是已经注定了的。总之,你的生命是短暂的,你必须借助理性和公正,充分利用当下的时间。让自己放松安静下来吧!

27

宇宙要么井然有序,要么混乱不堪,但不论是哪种,它终究还是宇宙。在你身上一切井然有序,而整个宇宙却是混乱不堪,这种情况会存在吗?如果万物本就互相独立,各自游离,又怎么会彼此产生共鸣?

28

一个阴暗的人,一个懦弱的人,一个顽固的人,一个或残暴,或幼稚,或野蛮,或愚蠢,或虚伪,或粗俗,或奸诈,或专横的人。[1]

---

[1] 此节文意突变,与前后文旨不一致,亦不符合奥勒留一贯的表达方式,疑有缺失。

29

如果一个人对宇宙本身一无所知,那么他对宇宙的运转也不会有所了解。那他就是一个逃犯,因为他居于社会理性之外;他是个瞎子,因为他对理解视而不见;他是个乞丐,因为他不具备任何独立生活的品质,需要处处依赖他人。他对所发生的一切处处不满,把自己隔离在普遍自然中的理性之外,把自己变成了宇宙的一个脓肿。要知道,你和他都同样是自然的产物。他是从宇宙的整体中撕扯下的一部分,从理性动物的这个统一体中,他把自己的灵魂单独剥离了出来。

30

一位哲学家没有上衣,另一位没有书本,还有一位半裸上身。其中一位说:面包我是没有的,但我遵从理性。另一位也说:我的学识不足以让我维持生活,但我遵从理性。

31

尽管贫穷,请同样热爱艺术。对于你所学习到的,应该感到满足。在你的余生里,应该将全部的灵魂寄托于神明,不要让自己成为暴君,亦不要沦落为任何人的奴隶。

◆ 沉思录 ◆

The Meditations

▶ 32

举例来说,想一想弗拉维王朝①时期人们的生活。你会看到人们结婚、育子、生病、垂死、征战、设宴、交易、耕田、谄媚,看到他们顽固自大、疑神疑鬼、图谋暗算、咒人死亡、抱怨现状、坠入爱河、囤积财物、追求权贵、渴求王权。可是,他们的生活早已逝去,不曾留下任何痕迹。

我们再来看看图拉真在位时期,人们的生活依然如故。但同样,这些人的生活也早已不复存在。从同样的角度,去审视一下整个国家在其他历史时期的情况,你会发现有很多人在做出伟大业绩之后,便很快分解消亡。但是,请你重点想一想你生活中所熟知的那些人,他们把自己陷在琐事之中,无视自己应尽的职责,不懂得感激自己所拥有的。这里有必要提醒你:万物都有其存在的价值,也各自拥有其应受关注的程度。牢记这一点,你就不会再对生活感到不满,也不会再让自己忙碌于那些没有必要的烦琐之事。

▶ 33

被前人所熟知的那些词汇,现已变得陈旧。同样,被前人

---

① 弗拉维王朝:古罗马帝国的一个历史阶段,起止时间为公元69年—96年,之后便是被历史学家屡屡称道的"五贤帝时代"。

所推崇的那些人名,也都慢慢地失去了光环,先是卡米拉斯、恺撒、沃勒塞斯和列昂纳托①,随后是西庇阿②和加图,再接着便是奥古斯都③、哈德良和安东尼④。万事万物都转瞬即逝,唯剩下一个传说,这传说也会很快被遗忘。这里所说的是那些成绩卓越的人。至于其他的普通人,一旦他们生命结束,停止呼吸,他们在这世上的痕迹就会被抹去,再也没有人会提及他们。总的来说,永恒的记忆又算什么呢?什么也不算。那么,有什么事是值得我们认真对待的呢?只有一件:思想公正,行为无私,言语坦诚,对于顺从宇宙之源和自然法则发生的所有事情,都要欣然接受。

34

欣然地把自己交付给克罗托⑤,允许她按照自己的意愿来

---

① 列昂纳托:亚历山大大帝的贴身侍卫、密友、将领、继业者之一。

② 西庇阿:西庇阿家族是罗马共和国时期的名门望族和世家,名将辈出,该家族曾有多人数次担任执政官。

③ 奥古斯都:即盖乌斯·屋大维,古罗马帝国开国皇帝、元首政制创始者,恺撒大帝的甥孙及养子。他执政后开疆拓土,广纳学者,大兴教化,从而奠定了长达两百年的"罗马式和平",获"奥古斯都"(意为神圣者、至尊者)尊号。

④ 安东尼:指奥勒留的养父安东尼·派厄斯皇帝,即"五贤帝"的第四帝。

⑤ 克罗托:古希腊神话中的三位命运女神之一,宙斯和正义女神忒弥斯的女儿。大姐阿特洛波斯代表过去,掌管死亡,负责切断生命之线;二姐拉切西斯代表现在,负责维护生命之线;三妹克罗托则掌管未来,负责纺织生命之线。

纺织你的生命之线。

◘ 35

不管是记忆者还是被记忆者,都不过是朝存夕亡。

◘ 36

请时刻牢记:嬗变是促成万物发生的根源。你要习惯去思考:宇宙在本质上热衷于改变,并不断创造类似的新事物。因为从一定角度上讲,现在存在的万物都是未来之物的种子。如果你只考虑埋入地下或子宫的种子,那你的目光就十分短浅了。

◘ 37

你的生命不久就会结束,而你现在依然琐事缠身,满腹忧愁,依然担心会受到外物的伤害,不懂得善待所有人,你的行为也依然缺少智慧的指引,不懂得坚持公正的原则。

◘ 38

思索一下统摄人类行为的理性,想一想那些明智之人,看看他们在规避什么,又在追求什么。

39

你身上的邪恶，定然不会存在于他人的理性中，也不会由于你自身环境的改变而造成任何变迁。那么它来自哪里呢？邪恶来自于你的判断，源自于你的思维能力。如果思维不去判定邪恶，那么邪恶便也就不会存在。作为你思维的依存物——你的躯体受到灼烧、化脓或者腐烂，也请让你的思维保持沉默。对于那些普遍发生在所有善恶之人身上的事情，不要去判定其好坏。如果一件事普遍发生在所有人身上，不管是遵循自然生活的人，还是违背自然生活的人，那么这件事都无所谓是遵循自然，也无所谓是违背自然了。

40

你需要把宇宙当作是生命体来看待，它既拥有生存所依赖的实体，同时也拥有其灵魂。你要了解：万事万物都遵循同一条行为法则，都和宇宙这个生命体的感知相关联；宇宙中所发生的一切事，都是宇宙中的万物共同作用的结果；宇宙之线总在不停地延伸，交织成密布的宇宙之网。

41

爱比克泰德常说："你不过是寄存在躯体中的一介灵魂。"

42

不管是经历某种改变,还是作为改变之后的结果,都不能用善与恶来界定。

43

时间犹如万千事件组成的一条河,一条急流。发生过的事件都会被这急流带走,之后发生的所有事件也都会被源源不断地带走。

44

所有发生的一切,都如同春天的玫瑰和秋天的果实,是自然且正常的。那让愚人欣悦和恼怒的疾病、死亡、诽谤和背叛,也都是如此。

45

后来将要发生的,与之前逝去的那些事情,都是密切相关的。因为现在发生的这些事件,不是单纯按照一定的顺序简单罗列出来的,它们有其内在关联性。正如万事万物都是和谐统一的一样,新生事物也不只是旧事物的替代物,它和所存在的其他事物也都是密切相连的。

46

要时刻谨记赫拉克利特说过的话,土终结之后变成水,水终结之后变成气,气终结之后变成火,如此循环往复。想想那些不知道自己人生之路通向何处的人,想想那些经常和统摄宇宙的理性进行交流,却又常常与之相违背的人,还有那些对日常所见之物漠然不识的人。要清楚,我们说话做事都不应该像那处于睡梦之中的人所为,虽然睡梦中的人也会说话做事;不可像儿童那样只会单纯地接受父母亲传授给他们的知识,机械地按照他人教给我们的方法说话做事。

47

如果有哪位神祇告知你,你明天或后天就将死去,除非你是极度卑劣之人,否则无须担心到底会在第三天还是第二天就死去,因为这根本没有区别。那么,不论你会在未来数年之后去世,还是会在明天就离开,就都把它当作无关紧要的事来对待吧!

48

想一想,有多少位医生,他们曾对着数不清的病患紧

◆ 沉思录 ◆

缩眉头；有多少位占星家，他们曾信心满满地预言过他人的生死；有多少位哲学家，他们曾无数次地教授有关死亡和不朽的课程；有多少位英雄人物，他们曾斩杀过数千生命；有多少自认不朽的暴君，他们曾利用手中的权力傲慢地掠夺过多无数生命。这些人，他们统统都已不在人世。又有多少座城市，比如赫利斯①、庞贝②和赫库兰尼姆③等，也都完全归于沉寂。

另外，你还可以加上那一个个你所熟知的人。曾埋葬过他人的人死去了，最终也被他人所埋葬，这一切不过发生在一瞬间。总而言之，你需要了解，人类的生命是转瞬即逝，且毫无价值可言的，昨日的一具血肉之躯，明日就会化为干尸或灰烬。

在你短暂的有生之年，请遵循自然去生活吧，以一种满足的心态结束你的生命之旅，亦如橄榄在成熟之后，带着对孕育它的自然和树木的感激之情，从枝头坠落。

---

① 赫利斯：古罗马帝国亚细亚省的一个城镇，于公元前500年左右被海水淹没。

② 庞贝：意大利古城，位于那不勒斯东南的维苏威火山脚下，公元79年被火山喷发的岩浆掩埋。

③ 赫库兰尼姆：意大利古城，据庞贝古城仅8千米，在庞贝被毁时同时被毁。

49

我们要向海岬学习，虽然日夜接受海浪的冲击，却依然坚强地挺立，并能够把肆虐的怒潮平息下来。

"我现在不开心，因为有不幸的事发生在我身上了。"——不，你应该这样说，"尽管有不幸的事发生在我身上，但是我依然能够不受影响，既不为现在感到烦忧，也不为未来感到恐惧，所以我很开心。"要知道，类似的事件可能会发生在所有人身上，但并不是每个人都能做到不为此而痛苦。为什么要把它看作不幸，而不是看作幸事呢？对于所有遵循自然而发生的事情，你能将其称为不幸吗？对于遵循人类本性的意愿发生的事情，你能将其称为违背人类本性之事吗？很好，你已经知道自然的意愿了。发生在你身上的这件事，它会妨碍你的公正大度、节制谨慎吗？会让你陷入轻率和虚假吗？对于那些帮助你获取人性全部美好的优秀品质，如谦逊和自由等，会让你失去这些品质吗？每次在你感到恼怒的时候，提醒自己：这并不是一件不幸的事，相反，如果能够优雅地接受，它就会变成一件幸事。

50

有一个可以帮助我们漠视死亡的办法，虽然算不得什么高雅之事，却颇为有效：去审视那些贪恋生命的人，相比于

◆ 沉思录 ◆

The Meditations

那些早早就去世的人,这些人真的获得更多的东西了吗?克迪斯亚鲁斯、费比乌斯①、尤利安努斯②和雷比达③,这些人都已经躺在某个角落的坟墓之中了。还有那些埋葬过他人的人,他们也都被埋葬在某个角落安眠了。

生死之间不过一瞬而已。想一想,就在人类这短暂的一生之中,我们拖着这具日渐衰败的躯体,让自己陷入了多少麻烦,遭遇了多少形形色色的人。不要认为人生有多大的价值。看一看你身后那条望不见尽头的时间长河,再看看你前面,依然是无边无际的时空。在这无限的时间之中,那些只存活了三天的人,同那残喘了三百年的人有什么不同呢?

▫ 51

时刻牢记,要选择最简短的那条路,因为最简短的才是符合自然的。同样地,说话做事也都要遵循最高理性。唯有这样,一个人才能避开一切的麻烦、战争、诡计和浮夸的炫耀。

---

① 费比乌斯:古罗马政治家、将军。他与克迪斯亚鲁斯、尤利安努斯和雷比达四位,均为古代知名的长寿之人。

② 雷比达:古罗马后三雄之一。恺撒去世后,由屋大维、安东尼和雷比达共同执政,雷比达去世后,屋大维和安东尼东西而治。

③ 尤利安努斯:罗马皇帝。

卷五

1

如果你早上不愿起床,那就这样想一想:"我要起来,去做身为人类该做的事情。"我活在世上的意义就是那工作,那为什么还要有所不满呢?又或者,穿着睡衣暖和地躺在床上,这才是我存在的意义吗?"可是这样更舒适呀!"你存在的目的就是为了享受,而不是去行动或作为吗?你难道没有看到那可爱的植物、小鸟、蚂蚁、蜘蛛和蜜蜂,它们都在辛勤劳作,为维护宇宙的秩序各尽自己的一份微薄力量吗?你是不是不愿去做身为人类的工作,是不是不急于遵从你的本性去做事?"但休息也是必需的呀!"休息固然是必需的,但依据自然之道却是有限制的,犹如饮食一般。你的行为已经超出这个限制了,已经超出你应该享受的程度了。你的行为是不对的,你没有去做你应做之事。

因此,你并不爱自己,如果你爱自己,就应该爱你的本性和本性的意愿。要知道,那些热爱自己事业的人,他们会不洗漱,不吃饭,把全部精力都投入到自己热爱的事业中去。而你对本性的热爱,远远比不上雕刻家对雕刻的热爱,比不上舞者对舞蹈的热爱,比不上爱财者对金钱的热爱,也比不上爱慕虚荣的人对名声荣誉的热爱。这些人,他们一旦对某件事产生了强烈的热爱,就会废寝忘食地去完善他们所热爱的事物。但是,在你眼中,是不是关乎社会的事情都微不足道，不值得你去付出劳动？

2

排除并抹去每一个恼人或不合时宜的印象，然后让自己的内心瞬间归于平静，这是多么简单的事情啊！

3

你说的每一句话，做的每一件事，只要是遵从自然的，就是相符的。不要被他人的指责所干扰，如果一件事值得去做或值得去说，那它对你来说就是有意义的。因为那些指责你的人也有自己的指导原则，他们也会遵循自己特定的准则，但这些都不是你要关注的。你只需要按照自己的路线前进，遵循自己的本性和普遍的自然本性，因为你的本性和自然本性本就是统一的。

4

凡是遵循自然的事，我都一一去做。待到生命走到尽头，我会向每日赖以呼吸的大气，呼出我最后一口气息，然后躺倒在这片土地之上，永远安息。正是从这片土地上，我的父亲收集了孕育我的种子，母亲收集了供养我的血液，乳母收集了哺育我的乳汁。多年来，是这片土地在供给我饮食,也是它,默默忍受我的踩踏和肆意的利用。

5

你说:"人们欣赏不了你敏锐的智慧。"就算是这样吧!但是还有很多品质你却不能说:"我本性中就不具有那些品质啊!"那就展示那些你所拥有的品质吧,如真诚、庄严、仁慈和坦率,还有热爱劳动,鄙视享乐,不喜奢侈,不假意慷慨,且只专注于少数重要的事情。你看,你身上有这么多可以毫不犹豫地展现出来的品质啊!既然有这么多好的品质,你又怎么可以抱怨自己天性不足,和宇宙格格不入呢?你在内心深处,又怎可自甘堕落呢?难道说,你是受有所欠缺的本性影响,所以不得不去抱怨和吝啬,去谄媚和取悦他人,对自己的身体百般挑剔,又肆意显摆,使自己内心不得安宁吗?不,我以神明之名告诉你:你早就应该不受这些事情的影响了。即使你确有什么不足之处,那也仅仅是你反应迟钝,以致领悟得太慢。对于这点不足,你应该积极采取措施弥补,不应该无视它,也不要以此来自我嘲笑。

6

有一种人,如果他帮助了别人,就会立刻去将它记录在案,认为别人欠了他一份恩情。另一种人,他虽然不去夸张地刻意记录,但在内心深处也知道自己行了善,认定他人对自己是有所亏欠的。还有一种人，他自己做了善事却浑然不自知，就像结出果实的葡萄树一样，孕育出了葡萄却并不去寻求额外的回报，一如那奔跑完一段旅程的马儿，追逐到猎物的狗儿，酿好了蜂蜜的蜂儿，做了善事之后，不会引颈高呼，让所有人都来围观，只会默默地去做下一件善事，就好像葡萄树在结出一季果实之后，会在下一个季节继续孕育葡萄。

"人类就必须如此吗，默默行善，自己却浑然不知？"是的。"但是，对自己所做的事要有所了解，这不也是必需的吗？既然人类是社会动物，那他不是也应该要意识到自己是在做有益于社会的事，同时也希望他的同伴们也对此有所察觉吗？"你说得不错，但却没有完全理解我上面所说的，因为如果你这么去想的话，那么你自己也就变成了我上面所说的那种人了。而即使是他们，也是被某种似是而非的理性所误导的。如果你想要真正理解我上面所说的，就不要担心你会因此而打消去做任何有益于社会的事。

▣ 7

雅典人会这样祈祷：雨啊，雨啊，亲爱的宙斯，请你降雨到雅典的农田和平原之上吧！事实上，我们就应该像这样简洁而高雅地祈祷，或者干脆就不祈祷。

8

古希腊神话里的医神阿斯克勒庇俄斯①曾给人开处方，要他骑马，洗冷水澡，或赤脚走路。对此，我们很容易理解。而宇宙之道也给某个人开处方，如让他生病、残疾，或其他诸如此类的遭遇。对此，我们同样也应该予以理解。因为就前者而言，"处方"可以这样解释：医生指定他如此做，可以帮助他获得健康；就后者而言则是：一个人身上所发生的所有事情，从一定意义上来说都是命中注定的，都是顺应他的命运而发生。我们所说的合适，也就是这个意思。比如石匠说这块方石是合适的，意思就是这方石能使筑墙和建塔的拼接处互相契合。宇宙间的"合适"，归根结底就只有一种：和谐。正如宇宙本身是由无数的实体所组成，宇宙中的因果集合也是由所有个体的因果（命运）所组成的。即使是那些极其无知的人，也明白我这句话的意思，因为就连他们也会说："那个人身上所发生的这件事，是命运（因果）导致的。"这便是针对他的处方了，因为他的命运便是如此。我们要接受阿斯克勒庇俄斯的处方，同时也应该接受命运开出的此类处方。

---

① 阿斯克勒庇俄斯：古希腊神话里的医药和治疗之神。相传，冥王哈迪斯曾向宙斯抱怨，医神的高超技艺使人永生，以致地狱为之一空，于是宙斯用雷电杀死了阿斯克勒庇俄斯。

事实上，即使是在医神的处方中，很多事情也是让人很不愉快的，但是为了健康，我们依然要接受。

对于那些被自然判定为能够促进事物完善和改进的事情，你也应该把它们看作是有益于健康的。遵照这种想法去接受所有发生的一切吧，即使是那些不愉快的事情，也都是有益于宇宙的健康、繁盛和福祉的。发生在人类身上所有的事情，都必然是有益于整个宇宙的，不然这些事情便也不会发生。任何事物的本性，不论如何，都不会让不利于自身的事情发生。

有两方面的原因，可以帮助你安心地接纳发生在你身上的所有事情。其一，所发生的事情是针对你的，是根据你的处方发生的。从一定意义上来说，它是与你密切相关的，因为这条命运之线是从最古老的因果集合中引申出来的。其二，即使是那些看似独立地发生在个人身上的事，也对掌管宇宙的总因果有所裨益，为宇宙增加福祉，帮助宇宙进行完善，甚至还有利于其延续。不管是从组成部分还是因果集合看，只要你从其连接中斩落一部分，那么宇宙这个整体就会变得残缺不全。而在你对生活有所不满，并试图将某些事情从你的生活中剔除出去的时候，你便是在这么做了。

9

如果你偶尔没有遵照正确的原则去做好一件事,不要厌烦,不要气馁,也不要不满。一度失败之后不要重蹈覆辙。你应该庆幸,除此之外,你绝大多数事情都是遵循人类的本性来做的,并因此而热爱本来的自己。不要把哲学当作高高在上的主人,去向它求助。像身患眼疾的人那样去做吧,用海绵和鸡蛋敷一敷,还可以涂抹药膏,或用清水冲洗。只有这样,你才能够遵循理性,并依托于理性。记住,哲学和你的本性对你所做的要求是一样的。但是,你可能会拥有不符合自然的想法:"我不同意,为什么不去做那更让人愉悦的事情呢?"享乐不正是靠着这一点在欺骗我们吗?想一想,难道慷慨、自由、朴素、安宁和虔诚,这些不是更让人愉悦吗?想一想那些依赖于我们的理解和知识的事物,它们的轨迹是多么确定且通畅啊,如此想来,智慧难道不是更加让人愉悦吗?

10

宇宙万物总是那么神秘莫测,就连哲学家(这里说的不是极个别,也不是一般的平庸哲学家)都无法领悟,甚至是斯多葛派哲学家也很难理解。我们的观点总是在不断改变,世上又怎么会有一成不变的人呢?再想想现实中的物质,它们的存在那么短暂，且毫无价值可言，不仅如此，这些物质还有可能会沦落到恶棍、娼妓或盗贼的手中。再来看一下你周围的这些人，即使是他们中性格最温和的，我们都很难与之和平相处，那么我们无法忍受自身也就不足为奇了。在这黑暗污浊之中，物质和时间不停流变，万事万物也变幻不定，我想不出有什么值得我们高度赞扬的事情，又有什么值得我们奋力追逐的事物。不过反过来说，人类本就有责任进行自我安慰，静心等待自身的自然消亡。如果这消亡迟迟不来，你也不要因此烦躁不安，试着从下面这两条原则中寻找安宁吧：一，发生在我身上的所有事情都是顺应宇宙本性的；二，永远不违背神明的意愿行事，这本就是在我能力范围之内的事，而且也没有人可以强迫我去做违背神明的事。

◻ 11

不论处于何种境况，我都必须如此自问：我的灵魂此时正忙着干什么？在我身上，他们称之为理性的东西，其本质是什么？我此时的灵魂是怎样的灵魂？是孩童的灵魂，还是青年的？是女性的灵魂，还是暴君的？是家禽的灵魂，还是野兽的？

◻ 12

从下面这一点中，我们可以了解到，哪些是多数人眼中的美好事物。如果一个人确信了某些事情是美好的，比如审慎、节制、公正和正直的品质，那么在形成且坚定了自己的认知之后，便无法再忍受他人去评说他所认定的美好。但是，如果他追求的是他人所认为的美好，那么对于喜剧作家①的评论，他就会很乐意去倾听和接受。如此一来，大多数人都可以察觉到两者之间的差别了。如若不然，对于评说财富以及获取财富和名誉手段的言论，就不会被认为是机智诙谐的了，而是在一开始就惹怒他人，遭到排斥。"一个人如果拥有过多的财富，将无法找到自己的安身之所。"如果你一开始便认定了某事物是美好的，是有价值的，那么在听到喜剧作家的这句话后，你还会认同吗？你会改变自己最初的认知吗？

13

我是由机缘和物质所组成的，这两者都不会破灭或无故消散，正如它们都不会凭空产生一样。我身体的每一部分，都会通过变化转化为宇宙中的一部分，然后再转变为另外一部分，以另一种新的形式存在于宇宙之中，如此循环往复，生生不息。我的产生和存在便源自于宇宙的这种循环转变，乃至我的父辈，同样也孕育于这种转变，反过来亦是如此。即使宇宙会在固定周期内经历重大浩劫，其道理也同样如此。

---

① 喜剧作家：指古希腊新喜剧诗人米南德（亚里士多德再传弟子）。所引诗句为其作品残篇。

14

理性和理性的艺术（即哲学）本身便已足够，不管是对其自身还是对其作品来说，都是如此。它们遵循着自己的原则，朝着既定的方向前进。因为它们是遵循着正确的道路前进的，这种行为便也被称为"正当的行为"。

15

从人的身份来说，任何不合于人的事物，都不能被称为是人的。人不需要这些事物，人性也不包括它们，人也无须借此而完善人性。人的目的并不在于这些事物，它们对人实现其目的也没有什么裨益，只有能够帮助人实现其目的的事物才是真正美好的。同样，如果这些事物确实是属于人类的，那么人就不应该鄙视或排斥它们。如果这些事物果真是美好的，那么不去追求它们，或者刻意对此有所克制便算不得什么值得赞扬的事。尽管如此，一个人越能够主动摒弃这些事物，或是被迫失去这些事物时能够承受这种失去，他便越能够成为一个好人。

16

你习惯性的想法便代表着你思维的特征，因为思想即是灵魂的源头。请不断用下面的这种想法来浸染你的灵魂吧！

比如说，只要是人能够生存的地方，他都可以在那里生活得很好。"但他必须得在宫殿里生活啊！"既然如此，那么他在宫殿里也可以生活得很好。这里再强调一遍，一件事物不管是为了什么目的产生的，它的存在便都是为了这个目的，因而也要朝着这个目的发展前进。它前进的终点也便是目的达成之所在，而这终点也必然是有益于所有事物的。对于理性动物的人来说，对其有益的便是社会，社会也是人存在的目的，这一点前面已经讨论过。低等生物的存在是为了更高级的生物，这一点不是显而易见的吗？同样，有生命的事物也要优于无生命的事物，具有理性的有生命事物要优于不具备理性的有生命事物。

◘ 17

去追逐不可能的事是疯狂的，而这又是邪恶之人所必然要做的。

◘ 18

人生来就不适合承受的事，是不会发生在他身上的，对所有其他人来说也是如此。如果能够免于所发生之事的伤害，要么是因为他对所发生的事视而不见，要么就是因为他意志坚定，不受影响。如果智慧被无知和自负战胜，那真是一件可耻的事。

19

不论从哪种角度来说，外在的事物都无法把持住灵魂，它们无法直达灵魂，更无法改变或动摇灵魂：灵魂的改变和动摇皆来自于它自身。对于灵魂自己判定为正确的，不论是怎样的判断，它都会按照有利于自身的方式处理一切发生的事。

20

一方面，人是与我们最为亲近的，所以必须善待并容忍他们。但是，有些人却会阻碍我们去做正当的事情，从这方面讲，人便和我们完全不相关了，同其他不相关的外物无异，比如说太阳、风或野兽。有些人虽然会对我们的行为起到阻碍作用，但是他们不构成我们情感和性情的累赘，因为情感和性情都可以根据不同的情况进行自我调整：思维会把起阻碍作用的不利因素转化为有利因素，把行动路上遇到的绊脚石转变为前进的踏板。

21

珍视宇宙中最为卓越的东西，因为那是宇宙调度一切资源并给予一切指引的存在。同样，你需要珍视你身上最优秀的品质。你身上的优秀品质也起到相同的作用：调度你所拥有的一起，并为你的生活提供指引。

22

对公众无害的事物，同样也不会对个人造成伤害。如果这件事对公众无害，那么它必定也不会伤害到我；如果给公众带来了危害，你也无须对他生气愤怒，只须给他指出错在何处即可。我们对所谓伤害的理解理应如是。

23

想一想，事情发展和消亡的速度有多快啊，不管是现有的还是将要发生的事，都是如此。宇宙中的物质如同河流般川流不息，事物的活动处于永恒的变化之中，世间的因果也有万千形态，世上几乎没有什么事情是静止不变的。再想一想我们所处的当下，后面是无边无际的过去，前面是永无止境的未来，万事万物最终都会消失在这时间的深渊里。一个人如果对世间之物感到恼火，受其困扰，为之痛苦不堪，那么他岂不是很愚蠢？要知道，任何事物最多都只能困扰他一段时间，极短的一段时间。

24

对于宇宙中的全部物质来说，你不过是其中极小的一部分；在无边无际的时间中，你的存在只是极短的一瞬间；在所有被命运确定了的万物中，你在其中又是多么微不足道啊！

◘ 25

有人对我做了什么错事吗？那就让他去处理吧！做错之人有自己的脾气和行为。我现在只需要按照宇宙之道和我自身本性的意愿，去做我应做之事。

◘ 26

不要让主导和掌管你的理性受肉体的影响，愉悦也好，痛苦也罢，都不要让它影响你的理性。肉体的感觉只需要影响它们各自的器官就好了，你需要让理性独善其身，不要让它和这些感觉混为一谈。但是如果这些感觉通过身体的共鸣，自然地传递到了大脑，你也不要试图抵触它们，因为这是自然之道。尽管如此，你的理性也不要对传递到大脑的感觉妄下善恶与否的判断。

◘ 27

要和神明同在。宇宙给予了每个人应得的份额，为他们提供保护和指引，一个人如果对自己所拥有的一切感到满足，并按照神明的意愿去生活，那么他无疑就是与神明同在的。每个人的理解和理性都应如此。

28

你对有狐臭的人感到生气吗？或者对有口臭的人生气？他们的狐臭和口臭对你有什么影响呢？有狐臭和口臭的人体质如此，那么会产生气味也是在所难免的。你可能会说："人是都理性的啊，如果他愿意的话，只要稍微想一想，就会知道这有多么令人讨厌。"希望你对自己的发现感到满意。不过，你同样也具有理性：借助你的理性去激发他们也理性地思考吧，启迪他们，给他们劝告。如果他们听从你的话，你便可以治愈他们，但是你完全没有必要为此生气。

29

你希望在离开人世间之后还可以继续生活下去，那么此刻也可以生活下去。如果人们不允许你在此生活，那你便结束生命的旅程，但是也需要告诉自己不会因此而受到伤害。如果你的房子恶臭满天，那就舍弃它吧！为什么要把这当作是了不起的大事？但是，只要没有此类的事情逼迫你离开，那么你就一直是自由的，没有人可以阻止我去做我想做的事情。作为理性和社会动物，我会遵循人类的本性去选择我要做的事情。

卷五

◘ 30

宇宙的智慧在于其社会性，它所创造的低级生物是为高级生物而服务的，而高级生物之间也是互相契合的。宇宙分配给每个事物的份额，都是互相配合，互相协调的。至于那些最优秀的事物，它们也都是和谐统一的。

◘ 31

你怎样对待神明、父母、兄弟、孩子、老师、朋友、亲人、奴仆以及哺育你的人？想一想，在对待他们的时候，你是否做到了以下这些：

不论是说话还是做事，都不要冤枉任何人。[1]

总结一下，你一生中经历了多少事，又有多少事是你可以忍受的。既然此刻你的生命旅程已经走到了终点，你的服务也即将结束，想一想，你一生中遇到了多少美好的事物，经历了多少快乐和痛苦，有多少所谓的荣耀是被你唾弃的，你又用你的善良回报过多少邪恶之人。

◘ 32

为什么那些缺乏技艺的无知之人，会让拥有技艺和知识

---

[1] 引自荷马《奥德赛》。

的人感到困扰?那么,什么样的人是具备技艺和知识的呢?是那些通晓万物起始和终结,以及还了解普遍存在于一切事物且统摄宇宙循环往复之理的灵魂。

33

很快,你就会化为灰烬,或者一堆白骨,留给世人一个名字,甚至连一个名字也不会留下,且这名字也不过是一种空虚的回响罢了。你生命中万分注重的事情都是空虚的,微不足道的,极易腐烂的,就如同宠物狗之间的咬斗,孩童之间的争吵,他们这一刻还在放声大笑,下一刻就会号啕大哭。然而,忠诚、谦逊、公正和真理,这些优秀的品质都从世界的各个角落飞入宇宙本源的怀抱了[①]。

世上还有什么是值得你驻足留恋的呢?要知道,我们的感官从来都不是一成不变的,总是在不断地改变;我们的认知也是麻木迟钝的,而且总是会接收一些虚假的印象;而我们的灵魂本身也不过是从血液中呼出的一缕气息罢了。在这样的世界里,所谓的名声也不过是一件空虚至极的事。那么,你为什么不安静地等待生命的结束呢,不管是消失不见,还是会转化为宇宙中的另一种形式?在那到来之前,你需要做些什么呢?尊敬神明,为之祈福,同时要善待人类,

---

[①] 引自赫西俄德《工作与时日》。赫西俄德是古希腊诗人,相传其生活年代早于荷马。

学会容忍和自我克制，这便是你最好的选择了。至于那些超脱于肉体和呼吸限制之外的事物，你要记住，那些事物既不属于你，也不在你力所能及的范围之内。

34

如果你能够遵循正确的道路，且按照正当的方式去思考和做事，那么你的一生都会是很平顺且很幸福的。不管是对神明还是人类，抑或是拥有理性的灵魂来说，下面这两点都是共通的：一，不要互相干扰；二，要坚持并践行公正，不要心怀私欲并因此干扰公正。

35

如果这不是我的过错，也不是由我的过错造成的，并且公众的利益也没有受到损害，那我为什么还要为之惶惶不安？公众利益如何才能有危害呢？

36

不要轻易地被事物的表象所迷惑，根据你的能力和他人的具体情况给予所有人帮助。如果在无关紧要的事情上遭受了损失，不要把这当作是伤害，因为这是一个很不好的习惯性思维。就像剧中那位老者，在离开的时候向养子要回自己的陀螺，可那也仅仅是一个陀螺。在上面的情况中，损失也仅仅是类似陀螺的无关紧要之物。

你在讲坛上高声疾呼：人啊！忘记这些事物的本质了吗？"是的，但这都是大家所关心的啊！"那么，你也希望自己被这些事物所愚弄吗？"我曾经是一个幸运的人，但现在我的幸运已经不在了，我都不知道是怎么失去它的。"幸运的人是需要自己给自己创造幸运：幸运意味着灵魂趋向好的性情、好的情感和好的行为。

1

宇宙的本质温顺且柔和,其主导的理性也没有丝毫恶意,所以它没有恶,也不为恶,任何事物都不会被它所伤害。不仅如此,正是得益于宇宙的理性,万物才得以孕育并完善。

2

如果你在遵照自己的职责做事,那么不论是冷还是热,是困乏还是清醒,是被恶意诽谤还是被高度赞扬,是处于垂死之态还是活跃于其他事务,你都不要去在意。垂死之态也是生命中的一部分,只有经历了这一步,我们的生命才能最终结束。不过在这之前,要确保把手头的事情很好地处理完。

3

要观察事物的内在,全面洞察任何事物的特质和价值。

4

宇宙万物都处于不断变化之中,或者升华为一个统一的整体;如若不然,就都转化为气体而消散不见了。

◘ 5

那主导一切的理性,它熟知自己的性情,清楚自己在做什么,也知道自己会对哪些事物产生影响。

◘ 6

最好的报复方式,就是避免堕落成敌人的同类。①

◘ 7

专注于一件事情,并从中获取快乐和安宁。接受神明的指引,完成一件善行之后就接着去做另一件善行。

◘ 8

控制一切的理性,能依靠自身发展而改变,它不但按照自己的意愿发展自我,而且能够使所有事物也都按照它的意愿去发展。

---

① 曾有人问第欧根尼怎样报复敌人,第氏答之"以君子之道报之",言下之意勿以怨报怨。此句之意与第氏相吻合。由此句及卷二第15则,可见第氏对奥勒留之影响。

9

每件事物的完成都是遵照宇宙的自然之道。因为它无法遵照其他任何别的事物的本质来完成,既不是能够理解它的外在本性,也不是与之共鸣的内在本性,抑或是这两者之外的独立的本性。

10

宇宙要么是一片混沌,各种事物互相混杂,又消散;要么就是统一有序的,万事万物都遵循特定的天命。如果是前者,我为何要在这杂乱无序的宇宙里迟迟逗留不去?除了生命结束,形体化为泥土之外,还有什么是值得我去关心的?既然无论做什么,形体最终都会消散,那我为何还要为之困扰?但是,如果宇宙是统一有序的,我便会心怀敬畏,内心坚定,全心地去信任控制一切的力量。

11

如果因环境所迫,你内心感到烦恼不安,请立刻返回到你的本我,等待冲动过去,不要过久地受它影响。时常退回到自己内心去寻求和谐,你便可以获得更多的和谐。

▫ 12

如果除了母亲之外还有一位继母,你需要对继母尽孝,但更会时常回到母亲那里去。朝廷和哲学就如同是你的继母和母亲:要时常向母亲求助,从而获取安宁,借助哲学的指引,你就容易接受朝廷之事了,也更容易融入朝廷之中了。

▫ 13

在面对肉食或美食时,你需要了解,这些都不过是各种动物的尸体而已,或是鱼,或是鸟,或是猪。至于另外一些东西,昂贵的费乐纳斯酒不过是发酵后的葡萄汁,尊贵的紫袍不过是用蚬血浸染过的羊毛。透过事物的这些表象,我们要深入观察,看到其本质。在生命中,我们对待其他事情也应如此。越是那些值得我们赞许的事物,我们越要剥开其华丽的外衣,深入洞察其内在无用性。华丽的外表往往会扭曲内在的理性,越是那些你认为值得付出努力的事物,往往也是欺骗你最深的。然后思考一下犬儒学派哲学家克雷特斯[①]对色诺克拉底[②]说过的话。

---

① 克雷特斯:犬儒派哲学家,生活在大约公元前4世纪的希腊城市底比斯。

② 色诺克拉底:古希腊哲学家、数学家、柏拉图的学生。克雷特斯对他说过什么话,已不可考。

14

大众所追捧的绝大部分事物都是普通事物,它们或由于内在关联性凝聚在一起(如石头、木料),或因自然结构凝结在一起(如无花果树、葡萄树和橄榄树)。而稍具理性的人,他们所推崇的是遵循一定生活法则的生命群体(如鸟群、兽群)。至于那些极具理性的人,他们所赞扬的则是具有理性灵魂的事物,这里指的不是普遍的宇宙灵魂,而是在某个行业或领域具有专门技艺或专业知识的理性灵魂,或者那些单纯掌管数位奴隶的人。这些人不仅注重理性,即普遍且适应于社会生活的理性,而且只专注于此。不管是在何种状况下,也不论是在从事何种活动,他都能够遵从理性和社会生活的准则,并与同道中人精诚合作。

15

有些事物急于出生,有些事物急于消逝。而有些已经存在的事物,其内在的某些部分也已经凋谢。世界在不断运动和变化中持续更新,亦如在川流不息的时间长河中,不同的时代也处于不断的更替之中。在这永恒的变化和更替中,万事万物都如同过眼云烟,又有什么事情是值得人们高度重视的?这就如同,一个人爱上了一只从空中飞过的鸟雀,而这只鸟雀却早已从视野中消失不见了。类似的事情,在每个人的生命中都存在，比如体内血液的散发和日常的呼吸。我们所有的行为也都类似于这呼吸：从大气中吸入气体，继而再从体内呼出。就连我们呼吸的本能，也同样遵从这一法则：我们出生之时接受了这种本能，在生命结束之时要将其返还给赋予我们这种本能的宇宙本源中去。

16

我们所该珍视的，不是像植物那样的蒸腾作用，也不是呼吸活动，尽管那是我们跟家禽和野兽所同有的；也不是根据事物的表象下判断，像牵线木偶一样被欲望所操控；也不是聚众合群，以及摄取食物这样的本能；也不是从食物中汲取营养的需要，这种行为同我们将食物的废料排出体外并没有本质上的区别。

那么，又有什么值得我们珍视呢？是鼓掌吗？不。也不应该是人们的交口称赞。假如你已经不再追逐那毫无价值的所谓的名誉，那还有什么值得你珍视吗？我的观点是：我们应该根据自己的生活体质所需，来衡量我们的行动并相应地有所克制，所有的职业和技艺均应以此为最终目标。所有的技艺所追求的目标都是——万物都有适合于其所服务的目标工作。看顾葡萄树的葡萄种植者、牧马人和驯狗人，他们也都追求这一目标，而我们对青年儿童进行教育的目的也正在于此。这才是值得珍视的东西。

一旦如此决定,你将不会再去寻求别的目标。你是否无法停止对其他事物的追逐?那么你将无法获得自由和快乐,也无法摆脱极端情绪对你的影响。对于那些有可能会夺去你所珍惜的事物的人,你必然会心怀嫉妒、疑神疑鬼;而对于那些拥有这些事物的人,你也必然会对其图谋暗算。任何渴求这些事物的人,必然会陷入一种惶恐不安的状态,不仅如此,他还会对神明有诸多不满。如果你能够尊敬自己的思想,那么就可以获取自我满足感,能够与社会和谐相处,并能够与神明达成一致,对于神明给予你的一切事物和为你安排的命运,你都能够欣然接受。这才是你该珍视的!

17

在我们四周,到处都是物质元素上上下下的运动,但美德的运动并不在其中。美德的运动是更为神圣的,它在我们难以察觉的道路上怡然自得地前进。

18

人们的行为是多么的奇怪啊!他们不去赞扬那些活在当下,活出自我的身边之人,却希望自己被后人赞扬——那些从未谋面,也无缘相见的将来之人的赞扬,他们总是那么看重。如果没有得到古人的赞扬,你会因而十分悲伤吗?要知道,上面这两种情况是如出一辙的啊!

◘ 19

如果某件事对你来说难以完成，不要认定这件事别人也难以完成。相反，如果某件事对别人来说是可以完成，且符合人类本性，那么你也应该相信自己同样可以完成。

◘ 20

在体育竞技中，你的对手用指甲抓伤了你，或者在你头上撞出了伤口。我们不会因此愤怒或生气，也不会怀疑伤害你的是狡诈之人。但是，我们仍然需要防范，只不过不是把他当作仇敌，也不是疑忌，而是善意地避开，不与他打交道就可以了。让我们像对待体育馆中遇到的对手那样去对待生活中的其他事情吧，有些事情能不计较就不要去斤斤计较。因为你完全有能力绕道而行，也有能力做到不怀疑，不憎恨。

◘ 21

如果有人能够切实地证明我的某种想法或行为不正确，那么我会很乐意去改变。因为我所追求的是真理，真理不会对任何人带来伤害，只有那些执迷于错误和无知的人才会受伤。

22

坚持尽我应尽的职责，其他的事情便无法困扰到我。因为那些事情要么是没有生命的，要么是不理性的，再或者就是杂乱无序，不知道自己的道路在哪里的。

23

既然你是具备理性的，在对待那些不具备理性的动物，和其他客观事物时，要慷慨而仁慈。但是在和同样具有理性的人交往时，要带着一颗服务社会的心。不论处于什么情况，都要向神明寻求指引。不要纠结于自己能够这样做多久，因为即使三个小时也是足够的。

24

马其顿的亚历山大和他的马夫死后，也是和众人一样的结局，要么重新回归到了宇宙之源，要么化为原子，消失在茫茫宇宙之中了。

25

思考一下，在同一条时间长河里，我们身上发生了多少事情，有的和我们身体有关，有的和我们灵魂有关。对于同样处在时间长河里的宇宙来说,有数不清的事物产生于其中,有无数的事情发生在其中,也是十分自然的事情了。

26

如果有人问你:"Antoninus(安东尼)这个名字怎么拼?"你是不是会耐心地逐个说出字母来?如果对方因此而恼火,你是否会跟着生气?你难道不应该继续淡定地说出每一个字母吗?你要记住,生命中的每一种责任也都是由若干细节组成的,你有责任去逐一完成。在你朝着恰当的道路努力完成责任时,如果有人对你发火,你也不应该因此而受到干扰。

27

不允许他人去做符合他的本性且对他有益的事,这将是多么残酷啊!如果有人做了错事,你因此而感到恼火,那么在一定程度上,这也意味着你不允许他人去做符合他们本性的事。这些人必然也是根据自己的本性,从有益于自身的角度出发,才去做那些他们认为恰当的事的。"但是他们确实是犯错了呀!"那就好好地告诉他们、启发他们,但不要因此而生气。

28

死亡意味着解放：我们将不再借助感觉来获得对事物的印象，欲望不再滋生，思绪也不再继续漫游，再也不受肉体的欲望所奴役。

29

如果你的肉体还在努力工作，而灵魂却因屈服而放弃了生命，那这真可谓是一件让人羞耻的事。

30

你要时刻防范，避免让自己成为恺撒，因为这种可能是存在的。要保持单纯、善良、纯洁和严肃，不矫揉造作，要坚持公正，尊敬神明，要仁慈友爱，奋发图强。要遵循哲学的原则，努力前进。生命本就短暂，要尊敬神明，帮助人类。在世俗的人生中，唯一可以结出的果实就是虔诚的思想和有益于社会的举动。

不论做什么事，都应该以安东尼为榜样。安东尼总是严格遵循理性，对待所有事情都一视同仁。他内心虔诚，面容宁静，性格温和，对空虚的名誉不屑一顾，同时还努力去认识所接触到的事物。不管遇到什么事，他都会首先认真探究一番，直到对其有了深入的了解。对于那些无端指责他的人，他也从不加以追究。他做事总是不慌不忙，毫不在意他人的诽谤中伤，并认真研究他人的行为举止。他不随意责备他人，不胆小怯弱，不疑神疑鬼，也不巧言诡辩。对于住宿、穿衣、饮食和仆人，他从来都所求甚少，而且勤奋有耐心。此外，即使一天只吃一顿饭，他也能够坚持，并且从不在不合时宜的时间放松休息。对待友谊，他坚定且忠诚。对于那些反对他的人，他也十分尊重他们发言的自由权利。如果有人向他展示美好的事物，他会十分欣悦。他对神明十分虔诚，毫不迷信。在你生命临近终点之时，要像他一样，努力做到凡事问心无愧。

31

当你夜半惊醒，意识到自己只是被梦境所困，请恢复镇静，回归到你的正常状态去。同样，在你清醒的时候，对待现实生活中的事，也应该像对待那扰人的梦境一样。

32

我是由身体和灵魂两部分组成的。对身体来说，万物都与之毫不相干，因为它无法感知不同事物之间的区别。但是对于灵魂来说，只有那些与它自己的活动，以及活动后的产物毫无关系的事情才是无关的。而不管其活动的产物是什么,都必然处在它的掌控之下。当然,这也只是仅限于当下事物;对于心灵活动而言,即使是我们过去或将来的心灵活动,也都丝毫不相干了。

33

尽管双手和双脚已经工作到有酸痛感了,但只要它们还在各自活动和劳作,就是符合自然之道的。同样,如果一个人按照自己的职责去做事,他的劳动也是遵循其本性的。也就是说,如果他的劳动没有违背他的本性,那么劳动对他就不是有害的。

34

那些盗贼、弑父者和暴君,他们从其各自的暴行中能够享受到多少的快乐?

35

看看那些手工艺人,他们能够体谅和容忍那些不懂其技艺的人,但同时也严格遵守自己技艺的理性,毫不懈怠。建筑师和医生都能够尊重他们所从事职业的理性,而对于人类和神明所普遍拥有的理性,人类反而不去尊重,这岂不是怪事一件?

36

亚细亚和欧罗巴不过是宇宙的一隅,大海不过是宇宙的沧海一粟,阿陀斯山①不过是宇宙的一块泥土;我们当下的所有时光也只是永恒时间里的一个点;宇宙中的万物都是渺小、嬗变且极易消亡的。

万事万物都产生于宇宙的主导力量,要么是直接产生的,要么就是因果影响下的产物。相应地,诸如狮子的血盆大口以及那些有毒和有害的物质,如芒刺、污泥等,这些也不过是那些壮美之物的附属产物。不要把这些事物同你所尊崇的壮美之物划清界限,它们是同根同源的,你需要对它们一视同仁。

37

由于万事万物在本质和形式上都是同一来源,同一面目,因而那些见证了当下万物的人,就等同于见证了永恒时间里的一切。

---

① 阿陀斯山:在希腊境内,深入爱琴海的一个半岛(海岬),位于爱琴海北部,距雅典250千米,是一座圣山。

38

你需要时时思考宇宙中万物的关联,以及彼此之间的联系。因为在某种程度上,所有的事物都是彼此关联的,因而也彼此亲和。得益于宇宙物质的积极活动和统一协作,宇宙万物才能够按照一定的顺序依次产生。

39

你要努力适应命运分配给你的一切,对于那些你注定要一起生活的人,要真诚地敬爱他们。

40

每件器械、工具和容器,如果它实现了被制作出来的目的,那就是好的,尽管制作它的人不在这里。借助自然的力量凝结在一起的事物,制作它们的力量同样也留存其中。因而这力量也就更值得我们去尊敬。你也可以如此思考:如果你能够按照这种力量的意愿去生活和做事,那么你内在的一切也就都是符合理性的。同样,在宇宙中,凡是属于它的万物,也都是符合其理性的。

41

对于不在你能力范围之内的事物,你对其进行了好与坏的判断,那么一旦有不好的事降临在你身上,或者好的事物从你手中被夺走,你必然要去责怪神明,憎恨人类或那些给你造成不幸或损失的人。我们戴着有色眼镜去看待外部的一切事物,并因此做出了多少不公正的事情啊!如果好与坏的判断只针对我们力所能及的那些事,那么我们便也就没有理由去责怪神明,或憎恨人类了。

42

我们都在通力合作地朝着同一个目标前进,只是有的人知识渊博,目标明确,而有的人完全不知道自己在做什么。我想,赫拉克利特说过这样一句话:"人们即使是在睡梦之中,也在通力合作地劳作着。"但是人们合作的方式有很多种,而即使是那些对所发生的事有诸多不满,甚至是反对或阻碍所发生的事的那些人,他们也是宇宙中活跃的协作者,因为即使是这些人,也是宇宙所需要的。而你需要做的,就是弄清楚自己所处的位置以及你的合作者都是些什么样的人。主导的理性会让你充分发挥自己的作用,为你安排特定的合作者,让你们朝着特定的目标前进。但是正如克利西波斯①所说，注意不要让自己沦为喜剧中那卑劣可笑的角色。

43

太阳代替雨神，去行使他的职责了吗？医神代替土地之神，去做他的工作了吗？还有那天上的繁星，它们虽然各有不同，但不是在为了同一目标而在共同合作吗？

44

如果神明对我和我的命运有所规定，那这规定必然是好的，因为神明的一切决定都是经过深思熟虑的。况且，他们又有什么理由去做对我有害的事情呢？这对他们有什么好处呢？对于所有天命所最终服务的宇宙整体来说，又有什么益处呢？即使神明没有单独对我的命运进行规定，那么他们至少会对宇宙整体的发展有所规定。对于神明统一安排所发生的事，我也应该欣然接受，并学会知足常乐。

虽然难以相信，但假如神明果真没有对所有事情进行规定和安排，那我们也要学会接受。如果情况真是如此，那我们便不要去献祭，去祈祷，去宣誓，我们在有神明与我们生

---

① 克利西波斯：斯多葛派哲学集大成者。普鲁塔克曾记录他如下言论："诗人们把荒谬的笑话写进他们的喜剧里，其本身固然琐碎不足道，但对于整篇作品却带来一种美妙；同样地，罪恶本身固属可恶，但对于非罪恶的部分仍然有用处。"

活在一起的时候所做的那些事，也都不要再去做。如果神明没有规定任何与我们有关的事情，我仍然可以通过询问哪些是有益之事，来确定我应该去做什么，而凡是遵循人的体质和本性的事情，于所有人来说便都是有益的。我的本性是遵循理性和社会性原则的，也就是说，如果我是安东尼，那么我的城市和国家便是罗马，而作为人类而说，我的城市和国家便是整个世界。凡是有益于我的城市的事，于我也都是有益的。

▣ 45

凡是发生在个体身上的事，对整个宇宙来说都是有益的：道理便是如此。然而，如果认真思考，你或许还会意识到另一个普遍的真理：凡是有益于某人的事情，对其他人来说也同样是有益的。请注意，这里的"有益"一词是从其广义解释，可以应用在非善非恶的事情上。

▣ 46

正如你在竞技场或其他类似的地方所看到的同样节目，即使是很壮观的场面，看得多了也会使人感到厌倦。我们人生中所经历的事情也是一样，因为上上下下所发生的事情都是来自于同一地方的，本质上没有区别。那么，对于生命中的这些事，你需要多久才能看够呢？

◆ 沉思录 ◆

The Meditations

47

时常去想一想，从过去一直追溯到最近才去世的腓利斯逊、福波斯和奥里更安尼，我们之前所有的人，他们所有的追求，建立的所有国家，都已经消亡了。现在再想一想另一类人，想一想那个我们所有人在生命结束后都要走向的地方。在那里，有众多伟大的演说家和高深的哲学家，有希腊哲学家赫拉克利特、毕达哥拉斯①和苏格拉底，还有众多古时的英雄人物、将军和暴君。除此之外，还有理论家欧多克斯②，天文学家喜帕恰斯③和数学家阿基米德④，以及思想敏锐的天才和思想家，勤劳的、多才多艺的和自信的人，甚至还有很多鄙视生命短暂且极易消亡的人，比如梅尼普斯⑤等人。你要知道，上面提到的所有这些人，都早已化为尘土了。这对他们有什么伤害呢？对于那些连名字都未曾流传下来的人，于他们又有什么损害？唯有一件事

---

① 毕达哥拉斯：古希腊数学家、哲学家。著名的黄金分割律、勾股定律即由他提出。

② 欧多克斯：约生活在公元前4世纪，古希腊哲学家、天文学家、柏拉图的学生。

③ 喜帕恰斯：古希腊最伟大的天文学家。

④ 阿基米德：古希腊伟大的哲学家、数学家、百科全书式学者。名言：给我一个支点，我就能撬起整个地球。

⑤ 梅尼普斯：约生活在公元前3世纪，古希腊哲学家，信奉犬儒派哲学。

是真正有意义的：坚持真理和公正，即使是那些说谎的人和不讲信用的人，也要善待他们。

48

如果你想要让自己高兴起来，就想一想那些同你生活在一起的人们，想一想他们身上的美德，例如这个人所做的善行，另一个人身上的谦逊，这个人的自由精神，另一个人的其他好品质，等等。如果和你一起生活的人，他们身上能够集中展示出各种美德，那还有什么比这更让人愉悦的呢？我们要努力去维持这种状况。

49

对于你没有达到300磅①的体重，我想你是满意的。同样，如果你的生命只有这么多年而不会更久，你为什么感到不满呢？既然你可以对分配给你的物质额度感到满足，同样也应该对分配给你的生命长度感到满意。

50

我们要试着劝导他们（人类）。但是如果他们的意愿和

---

① 磅：或可译作"利特内"，是古西西里的一种计量重量的单位。

公正的原则相违背，还是应该遵循公正原则行事。如果有人强行要阻拦，也不要让其扰乱你内心的满足和安宁，而是应该借助这个阻碍来展示自己其他的美德。不过你要记住，你所做的努力必须是理性恰当的，不要试图去做一些不可能完成的事。那么你渴望去做什么呢？"就是类似的一些努力啊。"如果你完成了想要去做的事，那么便是实现了你的目标了。

◘ 51

追逐名誉的人，总是把他人的行为当作是自己的幸福；喜欢享乐的人，也总是以感官享受当成自己的幸福；只有那些拥有理性判断的人，才会以实际行为作为幸福于自身的标准。

◘ 52

不对任何事物产生偏见，也不让其扰乱自己的灵魂，这都是你力所能及的事情，因为事物本身并不能强迫你做一个判断。

◘ 53

你要习惯于认真判断他人所说的话，并尽可能地去窥探说话人内心的想法。

◘ 54

凡是无益于蜂群的事物，于一只蜜蜂而言，也不会有什么好处。

◘ 55

如果水手们谩骂舵手，患者谩骂医生，他们还会听其他人说些什么吗？舵手要如何确保船员的安全？医生又要如何保证患者的健康？

◘ 56

同我一起来到世上的那些人，有多少已经离开了呀！

◘ 57

对于患有黄疸病的人来说，蜂蜜是苦涩的；被疯狗咬了的人，他们看到水就会害怕；而对于孩童来说，皮球永远都能给他们带来快乐。我为什么要生气呢？难道你觉得，一个错误的观点给你带来的伤害，还比不上黄疸病人的胆汁或是毒液对被疯狗咬了的人所造成的伤害吗？

◘ 58

没有任何人可以阻挡你遵循本性去生活,也不会有什么违背宇宙自然之道的坏事降临到你身上。

◘ 59

人们想要取悦的都是些什么人呢?他们这么做是为了什么?人们又是怎样去取悦这些人的?之前的万事万物都已淹没在这时间的长河里,未来的万事万物很快也都会被时间的长河所淹没。

卷七

1

什么是恶？恶是生活中经常见到的事物。不管遇到任何事，你都要这样提醒自己：这是常见之事。世界各地所发生的事也都是一样的，历史总是在重复上演，不管是在古代、中古、还是我们所处的这个时代，在每座城市、每个家庭里，都遍布此种事情。没有什么新鲜事物：一切都是老套的、短暂的。

2

除非坚持的观念先行消失，否则与之对应的信仰又怎么会死去？因而你需要时时给观念注入新的氧气，使其长燃不灭——我对于任何事都能形成一贯的正确看法。如果真的能做到，那又有何困扰可言？在我观念之外的事物，与我的观念是没有任何关联的。如果你能够形成这样的认知，就可以傲然自立了。

你能让自己重获新生，关键之处就在于，用你最初审视事物的目光去再次审视它们。

3

无聊的演出、舞台剧、成队的羊群和兽群、街头卖艺，扔给小狗的骨头、洒进鱼池的面包屑、蚂蚁的劳作和搬运、小老鼠惊慌的逃窜、被牵线所控制的木偶等。置身于如此环境之中，你应该带着愉悦的心情，而不是趾高气扬。你需要理解，任何一个人都是具有价值的，他的价值就在于他所忙碌的事情的价值。

◻ 4

在谈话时，应该注意所说的话；在行动中，应该留意所做的事。同时，从所说的话中参悟它所隐藏的内涵，从所做的事中洞察它所导致的后果。

◻ 5

我的理解能力足够驾驭这一切吗？如果能，我便将宇宙自然所赋予的这项能力当作有利的工具，投入到工作中去。如果不能，我便会放弃这项工作，让贤给比我优秀的人，除非有不可让贤的迫不得已的原因；或者，也可以在他人协助和理性指引下，去做有益于公众的事。但是，不管是独自去做，还是与他人合作，都应该坚持有益于公众的宗旨。

◻ 6

有多少人，在接受了荣誉光环的沐浴后便被遗忘；又有多少人，在称赞完别人之后，也化为一堆黄土！

■ 7

不要耻于接受他人的帮助，因为你必须像抵御外敌侵袭的士兵那样，去履行职责。那么，如果因为跛脚而无法独自攀上城垛，需要他人的帮助才能爬上去，怎样做比较好呢？

■ 8

不要让未来困扰你，该来的事情总会来。如果有必要，请继续坚持处理当下事情时所遵循的理性。

■ 9

万事万物都是相互交织在一起的，连接的纽带也是神圣的，独立于其他事物之外的事物是几乎不存在的。因为所有的事物都是协调一致的，它们共同组成了宇宙这个整体（统一的秩序）。世间万物共同组成了宇宙这个整体，万事万物也都遵循同一位神明的指引，世界上只有一种物质，一条律法，一个真理，所有智慧生物也都共享同样的普遍理性。那么，对于享有理性的所有同根同源的生物来说，便会存在一条通往至善至美的路径。

10

所有物质的东西都会很快消散在宇宙的物质之中,万物的成因也会很快回归到普遍的因果中去,而有关万事万物的记忆也会很快淹没在时间的长河里。

11

对于有理性的人来说,一切符合本性的行为,也都是遵从理性的。

12

傲然自立。如果不能如此,就努力争取他人的帮助而自立吧!

13

和组成统一整体的各个部分一样,独立存在的个人也能构成有机统一的整体,其目标则是为了通力协同合作。如果你能够经常提醒自己:我是理性人类中的一员(member),便能更深刻地理解上述观点。但如果你认为自己只是整个人类的一部分(part),那你还不算是由衷地热爱人类,你的善行也只不过是出于道义,而不是发自内心,因而这种善行也不会让你感到愉悦。

14

让外部的遭遇降临到能够感知它的部位吧,如果这些部位愿意,就让它们去抱怨。但是我,只要我不把这降临之事定义为邪恶,便不会受到伤害,而且我也有能力去这样做。

15

不论别人怎么说怎么做,我都要保持善良的本性。要像黄金那样——或是宝石和紫袍,总是一遍又一遍地告诫自己:"不管别人说什么或做什么,我是一块黄金,我要保持本真,不失本色。"

16

主导我们的理性不会自我困扰,也就是说,它不会自我恐吓,亦不会自寻烦恼。如果有人要恐吓或伤害它,那就让他去做好了。要知道,理性拥有自己的思想,不会任由其伤害。

身体需要留心不让自己受到伤害,即使受到了伤害,也可以呻吟抱怨。但是灵魂,对恐惧和痛苦拥有绝对的判断能力,不会妄下错误的判断,因而不会受到它们的伤害。

主导我们的理性是自给自足的,除非它自己产生的需求。也就是说，如果它不去自我困扰或自我阻挠，便不会受到困扰和阻挠。

17

幸福是位好神明，或者说是好理性。但是，幻想啊，你来做什么？看在神明的分上，请你离开吧，我并不需要你！看在你也是遵从你的本性到来的，因而我不会对你发火，但请你离开吧！

18

有人害怕变化，为什么呢？所有事情的发生不都是通过变化来实现的吗？对于宇宙的本性来说，又有什么比变化更愉悦合适的呢？如果木材不发生变化，你怎能洗上热水澡？如果食物不经过变化，你如何能汲取营养？如果没有变化，那些有益的事情要如何发生？你难道没有意识到，对人和对宇宙来说，变化是同等重要的吗？

19

每个个体都是相互合作，并统一于宇宙整体之中的，就如同我们躯体的各个部分一样。宇宙本质如同一条湍急的河流，最终会把所有人都裹挟吞没。

♦ 沉思录 ♦

The Meditations

像克吕西波[①]、苏格拉底和爱比克泰德他们这样的人,已经被时间带走了多少啊?请带着这种想法去对待和处理所有的人和事吧!

◻ 20

唯一让我忧虑的是:我不要做人的本性所不允许的事,或者做事的方式不被允许,或者说现在不允许做的事。

◻ 21

你对所有事情的记忆很快便会消失,而世界关于你的记忆也会很快消失。

◻ 22

即使是作恶之人,你也要去爱他们,这是彰显你人类身份的特有表现。遇到有人做了错事,你要这样提醒自己:他是我的族人,他的恶行是出于无知,不是故意为之,而且他和你一样,终究会有一死。最重要的是,这人并没有给你带来任何伤害,因为他并没有使主导你的理性比之前更坏。

[①] 克吕西波:古希腊斯多葛派哲学家,阿波罗尼(古希腊几何学家,著有《圆锥曲线论》,代表了希腊几何学的最高水平)之父。

23

普遍物质中蕴含的普遍本性,它就如同是一个蜡质模具,时而塑造出一匹马,然后又将其打破,用同样的原料打造一棵树,之后又制作出一个人,然后又是其他的事物,但所有这些事物的存在都是短暂的。对模具来说,不管是将其打破,还是把它重塑,都是轻而易举的事。

24

愁眉不展的神情是极不自然的,如果愁容经常出现,美貌便会很快消逝,难以再恢复往日的神采。从这一现象可知,这是与理性相违背的。如果我们连感知错误的能力都消失了,那么还有什么理由继续生活下去呢?

25

当下所看到的一切事物,很快就会被控制一切的宇宙本性所改变;利用原来的材质创造出新的事物,如此不断循环,世界因此能够常春、常新。

26

如果有人对你做了错事,先想一想他秉持什么样的善恶观,以致他做了错事。等了解了他的善恶观,你就不会再感到错愕或者生气了，转而会去同情他。因为你自己所奉行的善恶观也不过如此，或者和他水平相当，所以便有义务谅解他。但是如果你的善恶观标准与之不同，便更需要宽恕犯错之人了。

◼ 27

不要把不属于你的东西幻想成是你的，多想想你所拥有的，尤其是那些你认为最好的东西。想一想，如果你不曾拥有，又将会多么急切地去追逐它们。

还需要注意，你不要因为它们可以带来愉悦就过于沉迷；如果太过看重它们，一旦失去你便会心神不宁。

◼ 28

回归到自我去吧！理性的原则就是，只要它所做的事是公正的，它便会感到自我满足，并保持内心的宁静，这便是其本性。

◼ 29

摒弃所有不切实际的幻想，停止拉扯那木偶之线。你需要让自己专注于当下。充分理解你所遭遇和他人所遭遇的事情。把你知道的每件事分解为成因和结果两部分来审视。想一想你生命中最后的时刻会是什么模样。如果有人对你做了错事,那就让做错的人去忧虑吧,你无须为此担心。

◘ 30

所听到的一切话,你要用心去倾听。事物发生的变化,及所导致的结果,你要用心去洞察。

◘ 31

要朴素,要谦虚,要客观地对待那些非善非恶的事物。要热爱人类,对神明要虔诚。哲人①说:"一切事物均由法则支配,但这只是针对元素而言。"而你也只要记住"一切事物均由法则支配"这一点就好了。

◘ 32

关于死亡:不管是分散,转化为原子,抑或消失不见,最终都是两种结果:要么彻底消亡,要么转化为另一种形式继续存在。

---

① 哲人:指德谟克里特。

33

关于痛苦：如果是无法忍受的痛苦，那将是致命的；如果是延续性的痛苦，则可以忍受。灵魂可以通过回归自我来获取内心的安宁，因而不会受到伤害。至于被痛苦损伤的某些身体部位，就让它们去抱怨呻吟吧！

34

关于名誉：审视一下那些追求名誉的人，探究他们的本性，看看他们在回避什么，又在追逐什么。想一想，当我们不断往沙堆上倾倒沙子的时候，原本的沙粒是如何被掩埋的。在生活中也一样，之前所发生的事情很快就会被后来者掩埋掉。

35

一个思想高尚的人，懂得了去审视时间和一切物质，你觉得他还会把人生看作是什么伟大的事情吗？"绝不可能。"那么，他会把死亡看成什么邪恶的事情吗？"绝对不会。"（引自柏拉图语）[1]

---

[1] 此节语出柏拉图《理想国》。

◘ 36

去做善事,并安然对待他人的谩骂,都是高尚的行为。(引自安提西尼语)①

◘ 37

面容上的一切喜怒哀乐,都是遵照内心的指令,然而内心本身却无法遵循自己的本意来管理、发展自我,这真不是什么光彩的事。

◘ 38

不应该被外物所困扰,因为外物根本就不在乎我们的情绪。②

◘ 39

把快乐献给神明,也献给你自己。

---

① 安提西尼:古希腊哲学家,曾师从苏格拉底,犬儒学派创始人,也是柏拉图的同学和对手之一。据普鲁塔克的说法,此语出自于亚历山大大帝。

② 此节是欧里庇得斯的戏剧片段。

◆ 沉思录 ◆
The Meditations

◘ 40

生命的延续就像收割玉米穗那样：有一批倒下，就有一批生长出来。

◘ 41

如果神明不关心我和我的孩子，其中必然有原因。

◘ 42

神明与我同在，正义也与我同在。①

◘ 43

不要和别人一样去号啕大哭，也不要有过激的情绪。

◘ 44

我想清清楚楚地告诉这个人："你想错了！如果你认为，一个有价值的人会花时间掂量生与死的意义，而不是去关心他所做的事是否符合公正的原则，是否遵循善恶之标

---

① 40-42节，也是欧里庇得斯的戏剧片段。

准。"（引自柏拉图语）①

45

雅典的公民啊，这才是事实的真相：一个人不论处在何种位置上，是他认为最适合自己的也好，或是受命接受的也罢，不论是哪种情况，他都应该坚守在自己的位置上，准备迎接一切挑战，而且不论生死与否，都不应该心存逃离的卑鄙念头。

46

但是，我的朋友，请思考一下：高尚和善良真的只体现在拯救别人或者被别人拯救吗？一个人，如果他配得上称作一个人的话，应该把生命之长短抛之脑外，绝不贪恋生命。在生命长短的问题上，他应该把全部信任交付神明，并服膺女人对此的言论："没有人可以逃脱自己的命运。"他应该思考的，是如何充分利用有限的时间，活出最好的自己。

47

抬头看一看群星运行的轨迹，想象自己也跟随着它们一

---

① 此节语出柏拉图《申辩篇》。当时苏格拉底正在回答一个提问者，问他是否觉得冒生命危险去从事他的工作是可耻的。

起运行。不断想象元素之间的循环转变,这有助于清除尘世生活里的一切污垢。

▫ 48

柏拉图这句话说得很好,他说:"如果要评论人事,要站在一个较高的位置来看待尘世间的一切。看一看人间的集会、军队、农事活动、婚姻、条约、生死、公正法庭上的喧闹、荒凉之所的寂静、各个野蛮的民族、宴会、哀歌、集市,还有纷杂的万物,以及矛盾事物的有序结合。"

▫ 49

看一看过去不同王朝的更替,便可以预见未来社会的发展。因为过去和未来的本质都是一样的,其发展的轨迹也和当下所发生的事相一致。不论是四十年还是一万年,其本质都不会有所不同。除了上面这些,你还能看到些别的什么吗?

▫ 50

泥土中生长出来的万物最终要化为泥土,上天孕育出的万物最终也要回归到上天的怀抱。所有的一切,最终不过是两种结果:相互关联原子的分解,抑或是无知觉元素的消散。①

51

带上水和食物,怀揣着离奇的魔法,去扭转生命之路,以期逃脱死亡的命运。②命运带给我们的各种遭遇,我们都要学会忍受,并毫无怨言地去劳作。

52

一个人可能在制服对手方面比你拿手,但不见得会更合群或谦逊,或者在处理各种事情时更加自律,也不见得会更容易体谅做了错事的邻居。

53

如果我们所做的所有事情,都是遵照神明和人类所共有的理性来进行的,便无须担忧:因为能够遵照理性来行事并能从中获益,那么我们便不会受到伤害。

54

不论何时何地,都需要平静且虔诚地接受你当下所面临

---

① 此节是欧里庇得斯的戏剧片段。
② 引自欧里庇得斯的戏剧《请愿的妇女》片段。

的境况，并公正地对待所有人，要不断提升你当前的思想境界，不要让任何未经深思熟虑的成分混杂其中。

◼ 55

不要左顾右盼地去探寻或指导别人的理性，只要关注自然给予你的指引就足够了。所谓自然，即蕴含了宇宙本性，经由所有发生在你身上的事情皆能体现；以及你的自然本性，经由你所行之事体现出来。每个人都应该按照自己的本性行事，至于宇宙中的其他事物，它们都是为理性生物服务的。同样，在非理性事物中，所有低级事物都是服务于高级事物的，而所有的理性的事物则都需要互帮互助。

人最重要的属性在于其社会性，其次在于永不向肉体屈服，因为肉体只不过是理性和智慧、灵魂的寄居之所，不管是来自肉体的感觉或者欲望，理性都不应受到影响，因为两者都是兽性的。理性是高尚的，它不受其他任何事物的操控。理性生来就是要支配肉体的一切，因而你需要具有合理的理性。关于理性的本性，第三重要的便是：它不受错误和欺骗的影响。要让主导我们的理性，在指引前进的道路上牢牢把握上述这几点，然后我们才能够实现自我。

◼ 56

设想一下，自己即将死去，并且已经完成了迄今为止生命中所有的事情，那么剩下的岁月就可以遵照你的本性，安然地去度过了。

57

你只需要热爱所遭遇的一切，热爱命运赋予你的一切。这难道不是最应该去做的吗？

58

不论发生了什么意外，想一想那些有同样遭遇的人，看看他们是如何为之苦恼不已的，是如何大惊小怪的，又是如何百般挑剔的。这些人此刻又在哪儿呢？他们都已经不在了。你为什么要按照他们的方式来对待所遭遇的事情呢？为何不把这些有违本性的情绪抛之脑后，留给那些引发此事或者为之所动所恼的人呢？而且，你为何不去好好利用所发生的事情呢？如果利用恰当，它们反而能成为继续前进的助力。不论做什么事，都请你只关注自身，并决心去做一个善良的人。

59

记住，要审视你的内在。内在是产生善良的源泉，只要你肯挖掘，它就会长流不竭。

◆ 沉思录 ◆
The Meditations

◘ 60

体态应该紧致而坚定,不管是行动或是举止上,都应该和内心保持一致。内在的智慧和礼节都是通过脸上的神情得以展现,也应该在体态上有所体现。但是所有这一切,都应该是真情流露而非矫揉造作。

◘ 61

生活的艺术与其说像舞蹈,不如说更像摔跤。因为它必须要坚定不移并时刻准备迎接出其不意的攻击。

◘ 62

要不断地观察,你希望获得他们认可的人,主导他们的理性是什么。如果能够探究到他们思想和欲望的来源,你就会更容易谅解因无心而冒犯你的人,而且也不会盲目追逐他人的认可。

◘ 63

哲学家[①]说:"所有抛弃真理的人,都不是心甘或故意为

---

① 哲学家:指柏拉图。

之。"同样,公正、节制和仁慈之类的美德,也没有人会出于本意而抛弃之。这一点你有必要牢记于心,只有这样,你才能够以更加温和的态度对待所有人。

64

每逢痛苦之时,想一想:这没什么可耻的,只要灵魂保持其理性和社会性,痛苦就不会损害到它。对于多数的痛苦,伊壁鸠鲁①的这句话可以提供帮助:"痛苦既不是不可忍受的,也不是永远持续的,只需记住,痛苦有其局限性,不要通过想象将其放大。"另外,你同样需要知道平时难以察觉到的:对我们来说,有很多事情和痛苦一样让人十分不快,比如极度的困倦,遭受热气的炙烤,丧失食欲,等。如果你对这些感到厌烦,就等于是在向痛苦低头,因而你需要提醒自己不要去这样做。

65

注意!对待残忍之人,不要像他们对待人类那样。

---

① 伊壁鸠鲁:古希腊哲学家,伊壁鸠鲁学派的创始人,也被认为是西方第一位无神论学者。其学说倡导人要达到不受干扰的宁静状态。

◆ 沉思录 ◆
The Meditations

◘ 66

我们怎么知道苏格拉底在人格上就一定优于特劳格①。当然,苏格拉底之死是高尚的;他在同智者辩论的时候也更有技巧;在寒冷的夜晚展现出了更为坚毅的忍耐力;在接受逮捕萨拉米斯的莱昂将军的命令时,他坚持了正义,勇于抗命②;行走在大街上也是不卑不亢(这一情形有待考证)。但是,这远远不能证明他的人格如何,我们还应该自问:苏格拉底到底拥有一个什么样的灵魂?他是否能够公正地对待人类,虔诚地对待神明?他是否会因为他人的邪恶而受到困扰?是否会被人类的无知所奴役?是否能够平静对待并忍受命运中的所有际遇?对于卑微的身体所遭遇的一切情绪,他的理性是否会受到影响?

◘ 67

大自然并没有把理性和身体完全混淆在一起,以至于你无法将自己分离出来,并将属于你的一切掌控住。做一个神

---

① 特劳格:约公元前500年,毕达哥拉斯派哲学家,据传是毕达哥拉斯与西雅娜之子。

② 公元前404年,"三十人暴政"政权派遣苏格拉底和另外四人去逮捕萨拉米斯的将军莱昂,将其执行不公正的死刑。苏格拉底认为莱昂是无辜的,所以抗命不从。

圣的人却不被他人所认可,这种可能是存在的。

上面这一点你要牢记于心,同时也要铭记:要想幸福地生活,就无须拥有太多。不要因为没能成为伟大的辩手,或没能掌握足够的自然知识,就放弃做一个自由、谦逊、仁慈和虔诚的人。

68

你完全有能力摆脱外界强加于你的一切,保持一颗宁静的心去生活,即使全世界都谩骂呼喊你,即使野兽把你的肉体一片片地撕扯。因为不论外界境况如何,灵魂都能够保持安宁,并公正地判断周围的事物。对于遇到的所有事物,灵魂都可以自如地去支配使用,因而你的判断力便可以说:"你的本质便是如此,尽管人们对你的认识各有不同。"你的支配力便可以对被支配的事物说:"你便是我所要寻找的东西。"对我们而言,宇宙分配给我们的一切事物,都是供我们的理性和社会性使用的资源。简而言之,就是人和神明所共同拥有的艺术使用的资源。要知道,世间发生的所有事情要么和神明有关,要么和人有关,没有任何事是新鲜抑或难以应对的,因而都是寻常且容易处理之事。

69

要不断完善自己的人格,需要做到:把每一天都当作是生命的最后一天来过，既不过度兴奋，也不麻木不仁，同时也不做虚伪之事。

70

神明需要长久地忍受人类，忍受其不完美的本性，忍受诸多邪恶之人，但神明不仅没有因此而受到困扰，反而处处给人类以指引。但是你，作为生命转瞬即逝的人，你会因为要忍受那些邪恶之人，或者因为身为他们中的一员而感到厌倦吗？

71

人啊，从不去规避自己身上的邪恶——这是可能的，反而徒劳地去逃避他人的邪恶——这是不可能的，真是无比荒谬！

72

凡是我们的理性和社会性的能力认定为"既不符合理性也不符合社会性"的任何事物，都可以合理地将其判定为是低于自身的标准。

73

你施恩于别人，别人受惠于你。之后呢，你又要去寻求别的什么呢？像傻瓜一样去追逐施恩的美名，或者是对方的回报？

74

人人都乐于接受对其有益之事。凡是遵从自然法则的行为，便都是有益的。帮助他人同样也有益于自己，因而你也不应对此感到厌倦。

75

自然本性的运行推动着宇宙的形成。宇宙间要么存在一定的秩序，万事万物依次产生，或作为事物不断延续的自然产物存在；要么便毫无理性可言，使得宇宙主导下所有的事物，即使是关键事物的发展，也都无迹可寻。你如果能将此牢记于心，便可以更加平静地对待生活中的不好之事了。

卷八

◆ 沉思录 ◆
The Meditations

1

你无法像哲学家那样明智地度过一生,至少在青年之后,无法再做到这一点,如果能够这样思考,你便可以消除追逐虚名的欲望。但是,正如你和其他人所共知,你和哲学家之间显然相差甚远。

你的生活已经混乱不堪,要赢得哲学家的美名已不是件易事,而且你的生活也已经不允许你去那样做。但如果你能真正看到问题的根源,那就不要去在乎别人怎么看。从此以后,你能够明智地遵从本性的意愿去生活,便可以感到满足了。你需要专注于你本性的意愿,不要再为任何事物分心,因为有太多时候,你都在漫无目的地生活,找不到幸福的归宿,三段论、财富、名誉和享乐等,这些都无法使你幸福。那么如何才能获得幸福呢?你需要按照人类本性的要求去做事。要如何按照人类本性去做事呢?你需要坚持一定的原则,来指导你的行为,主导你的情感。什么原则呢?关于善恶的原则,即一切的善,都必然会使人公正、节制、勇敢和自由;一切的恶,都必然无法使人公正、节制、勇敢和自由。

2

每次行动都自问:"这会我对产生什么影响?我会为此而感到后悔吗?用不了多久我就会死去,所有的一切都将逝去。遵从人的理性和社会性，并按照神明的律法去做事，这不就应该是我全部的追求吗？"

3

较之于第欧根尼、赫拉克利特和苏格拉底而言，亚历山大、恺撒和庞培又算得了什么呢？①前者熟悉宇宙中的万事万物，了解万物的形式和实质，而且主导他们行为的原则也都是一样的。至于其他人，他们不仅关注的事物少得可怜，还被众多外物所奴役。

4

即使你被气得怒火中烧，对方依然还是会我行我素。

5

要牢记：首先，不要烦躁，因为所有发生的事情都是遵循宇宙的自然之道。过不了多久，你便会从宇宙中消失，被世界遗忘，就像哈德良和奥古斯都那样。其次，你需要专注于你所从事的事务，并忠实于事物的本来面貌。同时要记住，你有义务去做一个好人，凡是人类本性所要求的，你都

---

① 前三人皆为古希腊哲人，后三人皆为政治家、军功赫赫的名人。

要持之以恒地去做。说话要遵循公正的原则,要温和、谦逊且真诚。

6

改变事物的位置,将其从一处带到另一处,并改变它们的形态,这是宇宙自然之道的职责所在。万事万物都处于不断变化之中,无须畏惧会有什么崭新的事物出现。因为所有的事物对我们来说都是熟悉的,而且宇宙对它们进行的分配和散布在本质上也都没什么变化。

7

如果事物都按照各自的道路发展,其本性便都可以得到满足。理性如果能够拒绝一切虚伪和不确定因素,并指导人们去做有益于社会的事,将欲望和厌恶的情绪限制在其控制范围之内的事物之上,且满足于宇宙本性所赋予的一切,理性便能在遵从其本性的道路上顺利前进。对于宇宙本性来说,万事万物的本性都是它的一部分,正如每片树叶的本性都是它所在大树本性的一部分。唯一不同的是,作为大树本性的一部分,树叶的本性是不具备知觉或理性的,而且容易受到外界的阻碍,但是人类的本性是不受外界影响的,它是理性且公正的,能够根据事物的价值、时间、本质、形式、活动和发生的境况,来平均地进行资源分配。

你需要关注的是，在对不同事物进行对比时，注意不要从这些事物的各个方面进行单独的比较，而要把这些事物所拥有的不同方面综合起来，进行整体对比。

◻ 8

你也许没有时间或能力去求学，但要有时间或能力去审视你的无知；要努力超越享乐和痛苦，要努力克服对虚名的热爱，要学会心平气和地对待愚蠢和不知感恩之人，甚至要学着去关怀他们。

◻ 9

停止向别人抱怨宫廷生活之苦，也停止对自己的挑剔吧！

◻ 10

悔恨是你忽略了"某些有益之事"的罪证。凡是好的事物都必然是有益的，真正的善良之人一定对它看护有加。而那些真正善良的人，他们从不会因为拒绝肉体的享乐而感到悔恨，由此可见，享乐本身就不是有益的或好的事物。

◻ 11

一件事，其内在是什么，结构又是什么？其本质是什么，形式又是什么？它在宇宙中的作用是什么？又能够存在多久？

12

如果不愿从舒适的被窝里起来，你就这样提醒自己：去做有益于社会的事，这符合你的身体结构，也遵从了人的本性，但是睡觉的本领却是无理性的动物所共有的特征。不仅如此，凡是遵从个体本性的，便都是符合其自身本性的，也会更加有益于其本性，更加让人愉悦。

13

如有可能，每次对事物进行判断之时，都努力去寻求物理学、伦理学和辩证法的指导。

14

不管遇到什么样的人，都马上自问："这个人秉持什么样的善恶观？"因为在弄清楚他对享乐和痛苦以及两者的成因，美名和恶名，以及生和死的看法之后，对于他所拥有的各种观点，我都不会再感到惊讶或奇怪。而且不论他做出什么事情来，我都可以这样提醒自己："他是被迫这样做的。"

15

记住：看见无花果树结出了无花果，你感到惊奇，这真应该感到羞耻。看见世界上所发生的这样或那样的事情，你感到惊奇，这同样是耻辱，因为事情本该如此。如同医生惊奇于有人发烧，舵手惊奇于逆风的出现，对他们来说，也不是光彩的事。

16

记住：不管是你自行改变主张，还是听从他人意见改变主张，都是在自由地行事；亦如你固执于自己的错误时，也同样是自由的。因为这都是出自于你的意愿，你所做的一切都是根据自己的判断，也遵从了自己的理性。

17

如果某件事的选择之权在你能力范围之内，你为何要这么做？如果是别人，你又要去责怪谁呢？是责怪原子，还是神明呢？不管责怪哪一个，都是愚蠢的。你谁也不应去责怪。如果可以，就把错误的根由纠正过来，如果不能够纠正根由，就去纠正事情本身。如果连这也不能够，再去责怪挑剔又有什么用呢？要知道，所有发生的一切必然有一定的原因。

18

所有死去的事物，它们死后依然留存在宇宙之中。并且会通过变化，转变为另一种形式的存在；作为宇宙的元素，也作为构成你的元素。变化后的事物还会继续转变，但它们并不会呻吟抱怨。

19

不管是一匹马，还是一株葡萄树，每一件东西的存在都有特定的作用。为什么要对此感到奇怪呢？就连太阳也会说："我的存在是有一定目的的。"众神明也是如此。那么你存在的目的是什么呢？是为了享乐吗？你的理性允许你这样吗？

20

宇宙的自然之道贯穿于事物的一切，不管是其结束、开始，还是延续，就像人们抛掷皮球①一样。对皮球而言，被人抛出有什么好处呢？皮球落下或被抛下，又有什么害处？水泡在汇聚时有什么好处？在破裂时又有什么害处呢？对于灯

---

① 奥勒留的祖父精通球戏，奥勒留本人的球技也很娴熟。

焰，道理也是一样的。

▫ 21

从外而内，仔细审视你的肉体，看看它的本质是什么，当它老去或者患病的时候，又会变成什么样子。

那些赞美者和被赞美者，铭记者和被铭记者，他们的生命都是短暂的，对于世界来说，他们渺若尘埃。但即使是这样，他们之间都无法和平相处，甚至无法寻得自己内心的安宁。我们所居住的地球也不过是宇宙中的沧海一粟。

▫ 22

用心处理你所面对的一切问题，不管是思想上的，还是行为上的，或是言语上的。

如果你选择从明天开始努力变好，而不是现在就行动起来，那么你所遭受的痛苦就是理所应当的了。

▫ 23

我在做些什么事呢？不管做什么，都应该以服务人类为宗旨。我遭遇了什么事吗？不管遭遇何事，我都会去接受，并将其看作是神明的安排，那来自于万事万物产生发展的根源。

◆ 沉思录 ◆

The Meditations

24

想想沐浴时的状况,可能是:油、汗、泥和脏水,一切让人恶心的东西;世间的一切事物以及生命中的每个部分,其实也是如此。

25

鲁西拉[1]看着维鲁斯[2]死去,然后鲁西拉也死去了。西空达[3]看着马克西姆斯死去,然后西空达也死去了。埃皮梯恩查努斯[4]看着戴奥提摩斯[5]死去,然后埃皮梯恩查努斯也死去了。安东尼·派厄斯看着福斯蒂娜[6]死去,然后安东尼·派厄斯也死去了。一切都是如此。塞勒[7]看着哈德良死去,然后塞勒也死去了。那些机智的人、预言家以及骄傲自负之人,他们现在又在哪里呢?查拉克斯、柏拉图学派的德米特里[8]和尤德蒙等,他们都是机智敏锐的人,但是在

---

[1] 鲁西拉:即安妮亚·鲁西拉,奥勒留的女儿。

[2] 维鲁斯:卷一提到的奥勒留的祖父维鲁斯。

[3] 西空达:马克西姆斯之妻。

[4] 埃皮梯恩查努斯:大概是哈德良皇帝的随从之一。

[5] 戴奥提摩斯:哈德良皇帝的宠奴。

[6] 福斯蒂娜:安东尼·派厄斯之妻,卒于141年。

[7] 塞勒:希腊修辞学家,哈德良皇帝的秘书,曾担任奥勒留的老师。

[8] 德米特里:古希腊哲学家,雅典总督,亚历山大图书馆创立人之一。

短暂的生命之后,他们也都早已不在人世了。有些人死去之后便很快被世界遗忘,即使有部分人能够有幸成为寓言故事里的英雄人物,但也同样有可能会从故事里消失。所以你要记住,你所拥有的这一具血肉之躯,最后也会停止呼吸,要么完全消散,要么转化为另一种形式在其他地方继续存在。

26

如能做符合人类身份的事情,是会让人满足的。这些事情包括:仁慈地对待人类,拒绝遵照感觉行事,公正地去判定似是而非的事物,认真审视宇宙的本性以及宇宙中所发生的一切事情,这些都是作为人类应该去做的事情。

27

你同其他事物的关系有三种:第一种是你的身体同周围事物;第二种是你同产生一切事物的神圣主宰;第三种是你同和你一起生活的所有人。

28

对于身体,痛苦能造成一种不幸,它会伤害身体,而身体也会呻吟抱怨。对于灵魂,痛苦也会造成不幸,但灵魂能够保持原本的镇定和安宁,并不会把痛苦当作是种不幸。因为所有的判断、思想、欲望和厌恶都是来自于内在,外部的不幸并不能上升到此种高度。

29

要清除所有的幻想,你需要时常提醒自己:我有能力将灵魂中的一切邪恶、欲望和不安因素剔除出去,同时要洞察一切事物的本质,并根据事物的价值恰如其分地应对。"这是自然赋予你的能力,需要时刻铭记。"

30

不论和谁说话,即使是在参议院中,都要恰如其分,不要矫揉造作:要使用朴素的语言。

31

想想奥古斯都的宫廷,他的妻子、女儿、后人、祖先、姐妹、阿古利巴[1]、亲人、朋友、阿瑞伊乌斯[2]、梅塞纳斯[3]、

---

[1] 阿古利巴:奥古斯都的密友,罗马军事统帅,海军战略家。

[2] 阿瑞伊乌斯:生卒不详,奥古斯都的宫廷哲学家。

[3] 梅塞纳斯:奥古斯都的谋臣,著名外交家,也是诗人和艺术家的保护人。在西方,他的名字是文学艺术赞助者的代名词。

医生和祭祀，整个宫廷的人都死了。再想想其记录，不是某个人的离世，而是整个家族的消亡，例如庞培家族。看一看那个著名的墓志铭："本家族最后一位血脉。"想想他的祖先，他们为了能够留下后人，费尽了多少周折啊，但是总要有一个人成为家族的最后一位，然后对整个家族的消亡进行再次思考。

◻ 32

你需要有序地管理自己的每个行为，如果所有的行为都能履行其各自的责任，就可以感到满足了。也没有人可以阻碍你达成目标。"但有些外部的事物会阻碍我啊！"没有任何事物可以阻碍你去公正、冷静、周全地行事。"但或许某些积极的力量会因此受到压制。"那么，平静地接受这一阻碍因素吧，但你依然可以将精力转移到其他事情上去；那些妨碍你前进的因素，会成为新的机遇，这个机遇也会融入你有序的生活中。

◻ 33

谦逊地接受一切财富或成功，但也随时准备放手。

34

如果见过被砍下的手、足或头颅，孤零零地躺在身体之外的场景，你就该明白，如果一个人对周围之事百般抱怨，把自己隔绝起来，甚至去做有损社会的事，就等同于是把自己从自然整体中割断开来。你生来便是自然整体中的一部分，但现在却把自己割掉了。不过，幸运的是，你依然可以通过努力重新回归到原先的整体中去。世间万物，一旦它将自己从整体中分离出去，神明便不会允许其再重新回归。但是神明毕竟是厚爱人类的，他不但赋予了人类永远将自己统一于宇宙整体之中的能力，而且还赋予了我们重新回归宇宙整体的能力！一旦我们从整体中分离出来，还可以通过努力重新回到原来的位置上去。

35

宇宙本性赋予每个理性生命以几乎全部的能力。对于宇宙本性所具备的以下能力，人类同样具备：对于一切阻碍和反对的事物，宇宙本性可以提前将其转化为有用之物，并将妨碍因素也转化为自己力量的一部分。同样，人类也可以把所有的阻碍因素转化为自己力量的一部分，并借助它来实现自己的目标。

◘ 36

不要自寻烦恼地为可能遇到的麻烦而担忧，你只需要在遇到问题时自问："这有什么是我无法忍受的吗？"如果你承认它无法承受，你将感到惭愧。其次，你要记住，过去和未来都无法对你造成伤害，让你困扰的只有现在。如果你能够把它孤立起来，就可以把影响降低到最小；同时对自己的内心进行斥责，如果它无法对抗当下带给你的困扰的话。

◘ 37

潘西亚[①]有去为维勒斯守坟吗？戴奥提摩斯有去哈德良坟前坐守吗？那真是可笑至极。假使他们果真去坟前坐守，已经死了的人会意识到吗？即使能够意识到，他们会为此而感到高兴吗？即使感到高兴，这会让他们重生并不朽吗？这些悼念死者的人最终都会变老，都会死去，这难道不是命运发展的正常轨迹吗？那么这些人也死去之后，那些被悼念的已逝者又该怎样呢？不过是化为裹尸布里的一堆腐肉和血水罢了。

◘ 38

哲学家说，如果你眼光足够尖锐，那就请好好利用它去

---

① 潘西亚：奥勒留的养兄和共治皇帝维勒斯的妻子。

睿智地审视和判断一切。

39

在理性的人类身上,我不仅没有发现任何与公正有违的缺点,反而看到了一种美德:抑制对享乐进行追逐——即节制。

40

消除掉可能带来痛苦的一切想法,你便不会再受到伤害。"你的这个自我是什么?"是理性。"但是我不是理性啊!"那就努力成为理性本身,同时让理性不要自寻苦恼。如果你身体的其他部位遭受了痛苦,那就让它自由地表现出来。

41

对动物来说,所有妨碍欲望和感官享受都是一种不幸;对植物来说,有些妨碍因素同样被视为不幸。但对于智慧的人类来说,所有阻碍理性的因素都是不幸的,你需要用这个道理自我反思。痛苦或肉体的享受对我产生影响了吗?让理性去思考吧!在实现目标的道路上,有什么事物妨碍到你了吗?如果你足够努力(无条件地,全力以赴地),妨碍物便可以视为你的不幸。但是思考一下事物发展的一般轨迹,你便不会受到伤害或阻碍。凡是理性认为合适的事物,它便不会对任何人造成妨碍，不管是火还是钢，是暴行还是谩骂，都不会给它带来任何影响；如果它是一个球体，那么将永远是一个球体。

◻ 42

我甚至从未给他人带来过痛苦，又怎么会让自己痛苦不堪呢？

◻ 43

每个人的追求都各不相同。我的追求是坚持理性，保持理性不受任何人或任何事的影响，认真对待并欣然接受一切事物，并根据每个事物本身的价值来利用它们。

◻ 44

要好好珍惜当下的时光。那些追逐身后美名的人需要知道，未来的人和你当下所无法忍受的同时代人是一模一样的，他们的生命同样也是有限的。不管是后人对你是褒贬，或是评头论足，于你而言又有什么意义呢？

◻ 45

不管上天把我带到何处，安置在什么地方，我都会根据本性去感知和行动，保持内心的安宁和知足。难道我所处位置的改变，会让我的灵魂变得不幸、糟糕、沮丧、自大、萎缩或畏惧吗？真的有什么东西可以让灵魂发生上述改变吗？

46

发生在人身上的一切事情都是符合人的本性的，发生在牛身上的一切事情都是遵循牛的本性的，发生在葡萄身上的所有事情都是符合葡萄的本性的，发生在石头身上的所有事情也都是遵循石头的本性的。那么，既然世间所发生的一切事情都是正常且符合事物本性的，你又何须抱怨？所有遵循普遍本性发生的事情，都必然是其能够承受的。

47

如果被外部的事物困扰，那么困扰你的必然不是事物本身，而是你对它的看法。不过，你完全有能力消除这个看法。所以，如果是内在的思想给你带来了痛苦，为什么不去纠正思想呢？如果因为没有去做某件你认为正确的事情而深感困扰，为什么不用行动去补救，而在此抱怨呢？"我遭遇的是不可逾越的困难呀！"那就不要为此伤心了，如果困难本身无法克服，问题便不在于你。"但是如果无法克服困难，那生活还有什么意义？"那就满足地就此结束生命吧，就像生活顺遂的人那样安然一死，并且愉悦地接受生活中遭遇的障碍。

48

请记住，主导我们的理性是无法被打败的。它沉着地坚持自己的选择，不去做任何有违本愿的事情，即使只是因为固执的缘故，它对自己也是满足的。如果它有意识地遵照理性去进行选择判断，那又会怎样呢？在此情况下，不受任何激情影响的灵魂将变成一座坚强的城堡，是人类借以避难的场所和最安全之所在，也是保护未来的最坚固的屏障。看不到这一点的人，是无知的；明白了这一点，却不到他的城堡中避难的人则是不幸的。

49

对于最基本的事实，无须再添加任何延伸的主观推测。假如有人告诉你，某个人说了你的坏话。对于这个事实，不要再去添加"我受到了伤害"的推测。我的孩子生病了，这是我看到的事实，我的孩子陷入了危险状态，这却不是我看到的事实。永远要忠实于最基本的事实，不要在头脑里添加任何幻想的成分，你就可以安然无恙。你也可以对事实进行推测，但前提是，你要了解世界上所发生的所有事情。

50

"这根黄瓜是苦的。"那就把它扔掉。"前面路上有荆棘。"那就绕道而行。这就足够了,无须再去询问:"这些事物为什么要被创造出来?"好比对木匠和鞋匠铺里的锯木屑、碎皮革感到不满,就会被木匠和鞋匠嘲笑一样。如果问出上面的问题,同样会被了解自然的人嘲笑。木匠和鞋匠还有专门的地方来盛放锯木屑、碎皮革,但是自然界里却没有单独的地方来安置黄瓜和荆棘类。但神奇的是,尽管大自然其自身有既定的范围,但是对于内部一切腐烂、老去和失去价值的事物,它都能够利用其元素将其转化为其他新事物,使其作为自身的一部分继续存在。所以,自然无须外部事物来维持自身,也不需要单独的空间来放置将要腐烂的事物。它是满足于自身的空间、物质和方式的。

51

行动不可懒惰怠慢,谈话不可毫无条理,思想不可漫无边际;灵魂不可产生内在的纷争,也不可向外分裂;生活不可过于忙碌,总要有些闲暇。

假如有人要杀害你,或将你切成碎片,或对你谩骂诅咒,难道这会妨碍你内心原本的纯净、睿智、冷静和公正吗?举例来说,有人对着清澈透底的泉水进行诅咒,泉水难道会停止涌流纯净之水吗？即使向泉水里投掷泥块或污秽，泉水也会很快将其分散净化，恢复原本的清澈。你要如何让自己成为一汪永远流淌的清泉，而不是沦为一口死井呢？要时刻用自由、满足、单纯和谦逊之美德来塑造自己。

52

一个人如果不了解世界的本质，便不会知道自己身在何处。如果不知道世界存在的意义，就不会知道自己是谁，也不会知道世界的本质。上面这几点，但凡有一点不能明白，便无法知道自己存在的意义。对于那些回避或追求称赞喝彩的人，以及那些不知道自己身在何处，也不知道自己是谁的人，你会如何看待呢？

53

假如有一个，每小时要咒骂自己三次，你希望得到他的赞美吗？假如他总对自己不满意，你希望他对你满意吗？一个人对自己所做的所有事，都感到懊悔，他会对自己感到满意吗？

54

不要再将你的呼吸限制在周围的空气里，你的理性要和蕴含万物的宇宙理性保持一致。呼吸的能力是可以在所有的大气之中自由进行的，你的理性也与之相似，遍及万物之中而无处不在，向所有愿意从中汲取能量的事物开放。

55

通常来说，邪恶不会对宇宙造成危害，某一个人的邪恶也不会伤害别人。他的邪恶只能伤害到其自身，不过只要他愿意，随时都可以从这种伤害中解脱出来。

56

于我的自由意志而言，我邻居的自由意志和我没有任何关系；如同其呼吸和肉体和我没有任何关系一样。尽管人类是要互相扶持的，但主导每个人的理性都是各自为政的，如若不然，邻居的邪恶便会使我受到伤害，这是神明所不愿看到的，他希望个人的幸福与否都不依赖他人。

57

太阳的光从四面八方倾泻而下，实际上这只是光的扩散，而不是太阳的倾泻。这种扩散本质上是一种延伸，这也就是为什么"光线"在希腊文里被称为"延伸"。要研究光线的本质，可以观察从门缝中照进暗室的阳光。光沿着直线射进，一旦光线遇到实体的阻碍，就会停留在实体之上，既不变更方向，也不会就此衰减。人的理性也应该像太阳光一样，去扩散去延伸，而不是倾泻自我。遇到障碍时不要激动，不要和阻碍物激烈碰撞，更不要就此跌倒不起，应该坚定地去给接受自己的事物以启发，因为不能接受光明的事物亦不能得到光明。

◻ 58

害怕死亡的人，要么是害怕无感觉，要么是害怕另一种新感觉。既然无感觉，也就不会感觉到伤害；如果获得了新感觉，那么生命也就获得了另一种新的形式，你也就可以继续存活下去。

◻ 59

人类是要互相依存的，所以要么去教导他们，要么就忍受他们。

◻ 60

心灵的活动方式和箭的运动方式相似。当心灵谨慎小心或研究问题时，就会像箭羽一样，朝着一个方向，直奔目标。

61

深入到每个人的理性里,同时也让别人进入到你的理性中。

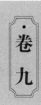

◆ 沉思录 ◆

The Meditations

1

所有行为不公正的人都是大不敬。宇宙赋予了理性人类互相扶持的特性,让其根据各自的所需去互相帮助,而不是去互相伤害。凡是违背这一自然意愿的人,都是对最伟大神明的不敬。

那些撒谎的人也是对神不敬的。宇宙的本性即是万事万物的本性,现存的万物都和过去的万物有密切关联。另外,宇宙本性就是真理,真理就是一切真实事物产生的根源。有意撒谎的人是不敬的,因为欺骗本就是不公正的行为;无意撒谎的人也是不敬的,因为他通过与宇宙之道的对抗,扰乱了世界的秩序,是和宇宙之本性不相协调的。一个人通过谎言和世界对抗,凭借无知来获取力量,无法分辨是非真假,把自己推到了世界本性的对立面。

把享乐当作善去追逐,把痛苦当作恶来回避的人,也是不敬的。这种人必然会对宇宙的本性有所挑剔——他会指责宇宙在进行分配时对善人和恶人处置不公:通常来说,恶人往往都在享乐,并且拥有享乐的资源;而善人往往都生活在痛苦中,遭遇痛苦的根源。更进一步说,害怕痛苦的人会害怕未来可能发生之事,这也是一种不敬;追求享乐的人无法避免不公正的行为,这就更是不敬了。

对于宇宙本性同等对待的矛盾之事物(如果宇宙本性不

能对其一视同仁，便不会同时创造出相互对立的矛盾），凡是希望遵循宇宙本性的人，也必定会同等对待它们。痛苦和享乐，生和死，荣誉和耻辱，对于这些事物，宇宙本性都是一视同仁的，如果有人不能像宇宙本性一样平等地对待它们，那么他就是不敬的。我所强调的宇宙会同等地对待一切事物，是说所有事物都会毫无差别地发生，而不是毫无差别地降临在所有人身上。人类是按照宇宙的一定的顺序产生的，后人也是遵照一定的天意不断进行血脉的延续。正是依据天意，宇宙才从最初的混沌发展出一定的秩序，为事物的发展创造出一定的原则，并形成产生一切生物、变化和事物发展的主导性力量。

2

一生之中，如果能从未体验撒谎、虚伪、奢侈和自负，那将是多么幸福的一生。其次的情形则是：一生中尝遍了所有这些，在厌恶之时死去，这也不失为另一种幸福的生命之旅。难道你决心要和邪恶狼狈为奸吗？之前的经历难道还不足以让你决定逃离这邪恶的瘟疫吗？理性的毁灭是最大的瘟疫，比周围环境的腐败和堕落所带给我们的危害还要大。因为后者是针对生物并对它们产生影响；而前者则是针对人类而言且只会给人类带来危害。

◆ 沉思录 ◆

3

不要鄙视死亡，要学会在死亡中寻得满足，因为死亡来自于自然的意愿。我们由年轻到变老，由生长到成熟，由生长牙齿胡须而后变为白发，由结婚到孕育子女，所有这些都是生命四季中所发生的正常事情，死亡同样是生命必不可少的一部分。一个乐于反思的人，就不应该漠视或鄙视死亡，要带着耐心，将其当作是生命中的必然组成部分，静心等待它的到来。正如你此刻耐心地等待孩子从妻子的肚腹中分娩而出一样。

你也应该时刻做好灵魂脱离身体这具躯壳的准备。如果因此而需要触及心灵的世俗慰藉，就去仔细观察那些你将要遗弃的事物，以及你将不愿与之共同厮混之人的品德，就会安然接受死亡。对他们生气是不对的，你应该关心他们，耐心地接受他们。要记住，将要和你道别的，是那些和你拥有不同生活准则的人。如果有什么事情可以让我放弃死亡，继续生活，那就只有一种可能，即与同道之人一起生活。但是你也注意到了，和那些人如此不和谐的生活，引起了那么多麻烦，你甚至可能要说："死亡啊，快些到来吧，如若不然，我便要把自己遗失了。"

4

作恶之人,乃是对自己作恶;行为不公正之人,本质上也是在不公正地对待自己,因为他使自己堕落了。

5

行为的不公正,不仅体现在该做的事情没有做,还体现在做了不该做之事。

6

如果你能够根据理性来形成自己的观点,按照有益于社会的宗旨指导自己的行为,以知足的心态对待所发生的一切事情,这就足够了。

7

清除一切幻想,克制所有欲望,消灭掉口腹之欲,把握住主导自己的理性。

8

没有理性的动物都拥有同样的生命,拥有理性的人享有同样的灵魂。这就如同，具有土性的所有事物，它们蕴含同一种尘土；我们所有人看到光明是同一种光明，呼吸的空气是同一种空气，具备的是同一种洞察力，享受的也是同一种生命。

9

拥有共同元素的事物，会因为相同的本质而相聚。所有土性的事物，最终都会化为尘土，所有液体的事物都朝着同一个方向汇集，所有气体的事物也是如此，只有某种阻碍和力量才能将其分开。火的本性是向上的，受天上的火所吸引，地球上稍微干燥一点的物体也都很容易燃烧，因其本身包含极少阻碍其燃烧的成分。由此类推，拥有共同元素的事物，一定会朝着共同的目标前进，其活动也会更积极。理性的事物之所以优于非理性事物，也在于它们更倾向于互相吸引，互相融合。

即使是非理性的动物，也能够看到蜂群、牛群，以及对雏鸟的集体抚育，这就是某种形式上爱的表达。从某种程度上来说，动物也是有灵性的，将它们吸引到一起的是更为高级的力量，这种力量是植物、岩石或树木所没有的。对于理性的人类而言，汇集的形式有政治集团、友谊、家庭和集会，还有战争、条约和休战等。在更为优越的力量那里，虽然人类是各自独立的，但依然存在着内在的统一，就如同夜空中聚集的群星。如果我们能够达到这种更优越的境界，即使各自独立，也能够窥探到其中的共同特征。

观察一下你周围所发生的事情吧，只有理性的人类才会遗忘彼此之间互相统一的愿望和情感，唯独没有看到人类集合汇聚的场景。尽管人们在逃避，但由于人类本性中有太强的社会性，所以依然摆脱不了自然之网的影响和束缚，只要稍加观察，就会看到我所说的事实。事实是，人要互相分离是十分困难的，相比而言，土性的事物与非土性事物的相互融合，会比这种分离更加容易。

◻ 10

人、神明和宇宙都能够在合适的季节结出果实，虽然"结出果实"通常用来形容葡萄或类似的事物，不过这并不要紧。理性同样也能够结出丰硕的果实，不仅是为具备理性的人类，也是为了理性自己；不仅如此，理性还能结出类似理性本身的果实。

◻ 11

如果可以，去教导那些犯错之人；如果不能教导，那就需要容忍，放任其发展。在如何对待这些人的问题上，就连神明也采取了慈悲的态度，由于某些特殊的原因，神明甚至还会给予他们健康、财富和名誉。神明是多么仁慈啊！你当然也可以这么做，难道，有谁可以阻碍你去这么做吗？

12

完成工作时，不要痛苦不堪，也不要奢求被人怜悯或钦佩。只需要专注一件事情，那就是，全身心投入进去，并遵循有益于社会的理性来克制自己。

13

今天我摆脱了所有烦恼，或者说把所有烦恼都清除出去了，因为烦恼不是来自外部，而是源于内在，源于我的观念。

14

所有的事情都是一样的：在经验上是相似的，在时间上都是转瞬即逝的，在本质上都是毫无价值可言的。现在所发生的一切，和前一个时代里所发生的事情也都是一样的。

15

客观事物独立存在，且各自独立，它们对自己一无所知，亦无任何意见可发表。那么，对其进行评判的是什么呢？是主导我们的理性。

◘ 16

理性人类的善恶不在于其消极性,而在于其积极性;亦如人类的善行和恶行都在其积极的活动之中,而不在其消极的不作为之中。

◘ 17

抛出一个石块,它的降落并非邪恶之举,而上升也绝不会有任何好处。

◘ 18

深入剖析主导人类的理性,你就会明白自己所畏惧的评判是什么,这些评判的本质又是什么。

◘ 19

万物都处于不断变化之中,你自己也在不断变化,且从一定意义上来讲,你正在一步步走向腐化,整个宇宙亦是如此。

◘ 20

你有义务不去插手他人的恶行。

21

活动的停止,以及行为和思想的终止,它们在某种意义上就是死亡,这不是什么恶事。试想一下你的生命:孩童、青年、成年和老年,在生命每个阶段的变化都可以称得上一种死亡。这有什么可畏惧的吗?再来想一想,在你同祖父、母亲和父亲一起生活的时刻,你看到了更多的差异、变化和终结呀,问问你自己:"这有什么可畏惧的吗?"没有什么可畏惧的。同理,你生命中所经历的一切终结、停止和改变,也没什么可畏惧的。

22

抓紧时间去审视主导你的理性、宇宙的理性、你邻居的理性。对于自己的理性,你能够保证其公正;对于宇宙的理性,要记住自己是其中的一部分;而对于邻居的理性,能够看出他的行为究竟是出于无知还是经过了审视,必要的时候也要考虑一下,他和你的理性在本质上是否一样。

23

既然你是社会系统中的一分子,你的每个行为也都应该成为社会生活中的一部分。如果你的行为不具备服务社会的目的,既不能直接也不能间接服务社会,就会破坏你生活的完整性,你的生活便不能称为生活。你的这种行为在本质上就是对生活的叛变,就如同在人群中,你的观点与大众相违背,这等于把自己驱逐出来。

◘ 24

孩童们的争吵和打闹,以及携带着卑微灵魂的行尸走肉,所有的事情使我们更清晰地认识现实;而那些对停尸房里场景的描述,给予我们的触动更加强烈。

◘ 25

对物体的形式进行深入分析,去除其物质的外壳,然后深入解剖,继而沉思。想一想,具有此种形式的事物,最多能够在世上存在多长时间。

◘ 26

你遭遇了众多麻烦,因为你对"理性根据其本性来行事"有诸多不满,请不要再这样了。

◘ 27

当有人责备你、憎恶你、诽谤你时,进入到他们的灵魂中,对其进行深入分析,看一看他们的本性是什么。之后你就会知道,不管这些人如何看待你都无须介意。但是你依然要友善地对待他们,因为从本性上来说,你们都是朋友。即使神明也常借助梦境或启示等方式给他们以指引,帮助他们去实现目标。

28

宇宙万物的运动都是一样的,上上下下,从古到今,周而复始。如果世间万事都有普遍理性的参与,不管事情的结果如何,你都应该欣然接受。如果普遍理性只在万物发展的伊始发挥作用,那么,随后的事情就都是遵循特定的顺序了。又或者,那无形的宇宙本源才是万事万物发生的根源。不论是哪种情形,如果有神明存在,一切便都是好的。如果世界受偶然性的支配,那你要努力不受其控制。

黄土很快就会把我们掩埋,而土壤本身也会发生改变,之后便是新的变化,如此不断循环。宇宙间的变化和转型如同波浪一样,一波接着下一波,迅速且不间断,如果你能够对此进行认真思索,对于世间一切易逝的事物,你便不会那么看重了。

29

宇宙的本源就如同夏日里的激流,万事万物都被它席卷着前进。那些忙着搞政治活动却自命哲学家的人是多么可怜啊！全是些胡言乱语之人！人类啊，去做本性要求你的事吧！马上行动，不要左顾右盼怕别人知道；也不要期盼柏拉图的理想国；如果所有小事都能够顺利进行，就可以感到满足了，不要把这看成是微不足道的事情。

有谁能够改变别人的想法呢？既然别人的想法不可改变，只是假意服从，那和痛苦呻吟的奴隶又有何区别？现在我们来谈论一下亚历山大、腓力二世①和德米特里厄斯②。他们有能力判断普遍本性对自己所做的要求，并相应地来训练自己。但是如果他们像悲剧英雄那样去行事，那么谁也不能责令我去效仿他们。哲学的工作在于使人朴素且谦逊，因而我要避免懒惰和骄傲。

◻ 30

从高处去俯视这芸芸众生，看看那数不清的庄严盛典，在暴风雨或者风平浪静时的一次次远航，以及那些一起出生、生活，然后去世的人之间存在的差别。想想古人的生活，以及未来人的生活，还有那些野蛮国度里人们的生活，想想世界上有多少人甚至都不知道你的名字，有多少人会很快将你遗忘，又有多少此刻赞美你的人转眼又会来谴责你。

---

① 腓力二世：马其顿国王，亚历山大大帝的父亲。
② 德米特里厄斯：雅典辩论家、政治家、哲学家，逍遥学派第一人。

你要知道,我们死后的声明和荣誉都是没有任何价值的,其他所有的一切也都是微不足道的。

31

外部原因造成慌乱时,你应该保持内在的自由,根据内心去坚持公正行事。也就是说,你所有的活动和行为,都应该以服务社会为目的,因为这符合你的本性。

32

很多扰乱你心灵的烦恼都可以清除掉,因为这些烦恼存在你的观念之中。如此一来,你便可以获得充足的思想空间,去思索整个宇宙以及永恒的时间。去观察一下,万物的变化是多么迅速啊;从出生到死亡,时间是多么短暂啊;而在我们出生之前以及我们去世之后,时间的长河又是多么漫无边际啊!

33

眼前的一切事物都会很快消失,那些见证它们消失的人也会很快消亡。不管是寿终正寝之人,还是英年早逝之人,他们最终的命运都是一样的。

34

主导这些人的理性是什么?他们都在忙碌些什么?让他们付出爱和尊重的原因又是什么?想象一下他们卑微的灵魂最赤裸本真的模样。他们觉得自己在谴责的时候会给人带来伤害,在赞美的时候则是做了件善事,这是多么愚昧的想法啊!

35

所谓损失,在本质上就是改变。宇宙的本性就是乐于进行改变,所有顺从宇宙本性意愿的事物,它们都发展得很好。不管是永恒的过去,还是无限的未来,万事万物的发展都是如此。你为什么要说:"不论是过去还是将来,万物都是邪恶。尽管众神芸芸,却没有能力去修正这些邪恶,整个世界已经深陷在这无限轮回的罪恶之中了。"

36

腐烂乃是一切物质存在的基础!一切都不过是水、尘土、骨骼和污秽:岩石不过是泥土的硬化,金银不过是物质的沉淀,衣物不过是动物的毛发,染料也不过是贝壳动物的血液。所有的一切最终都会腐烂,就连呼吸也不例外,它的本质也是将一种气体转化为另一种气体。

◘ 37

还没有受够生命中的各种不幸、无病呻吟或者愚蠢的伎俩吗?你为何烦恼呢?有什么新鲜之事吗?有什么让你感到不安吗?是事物的形式吗?那就应该好好审视它。是事物的本质吗?那就应该认真探究它。除此之外,就别无他物了。去追随神明吧,让自己变得更加朴素和善良。

对于这些事物,不管我们是审视一百年,还是探究三年,结果都是一样的。

◘ 38

有人做错了事,伤害的最终是他本人。也或许,他根本就没有做错什么呢?

◘ 39

如果一切事物都来源于同一理性本源,并组成了一个统一的整体,作为整体的一部分,就不该抱怨有益于整体之事。如果宇宙中只有原子,一切事物只不过是随机混杂和分散的结果。你又为何要烦恼?去告诉你的理性:"你死了吗?已经腐烂了吗?你堕落成伪君子了吗?或是变成了野兽,与动物为伍了吗?"

40

神明要么毫无能力，要么能力无限。如果没有能力，为何要向他祈祷？如果有无限的能力，为什么不祈祷赋予你消除对所畏惧之事的恐惧，消除追求物欲的欲望，不被任何事物所伤害的能力？你为何要祈祷让不该发生的事情发生，该发生的事情不发生呢？如果神明有意帮助人，对这些事情一定是可以提供指引的。

或许你要说："神明已经赋予我所需的能力了。"那就好好地运用这种能力不是很好吗？为什么要卑躬屈膝地去祈求那些能力范围之外的事情呢？是谁告诉你，对于能力范围之内的事情，神明不会提供帮助？试着去祈祷吧！你会了解事情的真相的。

有人这样祈祷："我该怎样才能与这个女人同床共枕？"你要这样祈祷："我该如何消除与这个女人同床共枕的欲望？"有人这样祈祷："我该如何从这件事情中解脱出来？"你要这样祈祷："我该如何消除从这件事情中解脱出来的欲望？"有人这样祈祷："我该如何做才不会失去我的儿子？"而要你这样祈祷："我该如何做，才能不畏惧失去我的儿子？"总之，试着这样去祈祷吧，看看结果如何。

41

伊壁鸠鲁说:"生病的时候,我不会对来探望的人抱怨身体的不适,而会和他们探讨自然哲学。我会同他们讨论,思想在受到身体病痛影响的同时,如何能够保持平静,维持其正常状态。"他还说:"我会照常幸福地生活,不会给医生任何炫耀的机会,好似他们对我做了什么了不起的事一样。"

不管处于病痛之中,还是其他别的境况,都请按照伊壁鸠鲁所说的去做吧。不论身处何种境遇,都不要抛弃哲学,也不要和无知之人、不了解自然的人浪费口舌,这是所有哲学学派的基本原则。你需要专注于手头的工作,以及完成工作所需的方法。

42

如果被某人的无耻行径触怒,先问问自己:"有可能让世上所有无耻之人统统消失吗?"这不可能,那就不要去要求不可能的事。要知道,这个人只是众多无耻之人中的一员,他们也有在世界上存在的必要性。在面对恶棍、骗子以及其他坏人之时,你都要这样思考。"这类恶人是必须要存在于世上的",这样提醒自己,你就会更加友善地对待所有人。下面这种情况也是有益的,能够使你马上想到自然赋予的应对各种恶人的能力:"自然给予我们不同的能力,以应对不同类型的人。"比如自然赋予你温和的性格特性，来应对愚昧之人。

不论是对待何种恶人及恶行，你都可以通过教导误入歧途之人，来指明他们的错误。因为所有犯错的人，都是迷失了目标，误入歧途之人。除此之外，你受到什么伤害吗？所有触怒了你的人，都无法做出什么可以让你的心灵变得糟糕的事情，因为所有的邪恶和伤害，都源于你的心灵。

一个没有受过教育的人做出了荒唐之事，有什么可奇怪的吗？会给你带来什么危害吗？或许你会责怪自己没有事先预料，这样的人才会做出糊涂的行为吗？你的理性应该可以推测出他有可能会犯这样的错误，但你却还是懵懂的状态，而且还对他犯错感到如此诧异。

更重要的是，当你谴责一个人背信弃义或者不知感恩的时候，也应该进行自我反思。因为问题显然出在你这里，或许因为你盲目地相信他能够信守承诺，或许因为你在交往之时没有交付真心，又或许，对于自己的善行，除了其本身带来的益处，还期盼其他的回报。

你为他人提供了帮助，除了行为本身，你还期盼什么别的回报呢？能够遵循本性行事，这还不能够使你感到满足吗？你还期盼什么报酬吗？难道因为眼睛能够视物，双脚能够行走，就可以索要补偿吗？我们身体的各个部分都有其各自的功能，当它们发挥各自功用之时，就已经实现它们的自我价值了。同样，人的本性就是要行善的，做了善事，做了有益于社会的事之后，便是在按照本身的目的行事，也就实现了自身的价值了。

卷十

1

灵魂啊,你不希望变得更加善良、简单和统一,变得比包裹着你的肉体更加真诚吗?不希望变得赤诚而知足吗?不希望让自己充实起来,满足于所拥有,不去奢望过多东西吗?对有生命或无生命的东西,也不希求任何欲念的享乐吗?能否满足于目前的时光,不去奢望长生不老以求长久地享乐、游玩更多的地方,享受更多宜人的天气,或是拥有更多可以和谐共处的伙伴?

你应该满足于现状,对周围的一切都感到愉悦,提醒自己已经拥有了所需的一切。提醒自己,这一切都来自于神明的恩赐,都是适合的。凡是让神明感到欣喜的,神明用来维持完美生命体的事物,以及所有的正义和美善,都是美好的。正义和美善是产生和连接一切事物的根源,同时也包含和接纳了所有为产生其他事物而进行分解的物质。你难道不希望永远与神明和人类同在,而不去挑剔指责,亦不被他们谴责吗?

2

你的本性是支配你的唯一力量,好好地观察本性对你的要求。作为一个活着的人,你要高兴地接受你的本性,并按照它的要求去做,你才不会因此变得糟糕。

其次，你要以活着的人的身份，去观察本性对你的要求。所有这些要求，你都要允许自己去做，只要你作为理性动物的本性不受影响。凡是合于理性的，同时也合于人群，这个规则你需要坚持。除此之外，无须关注其他。

3

现实所发生的所有事情，要么是你天生可以忍受的，要么是天生无法忍受的。如果你属于前者，那就不要抱怨，遵从你的本性去忍受吧！如果你属于后者，那也不要抱怨，它在摧毁你之后亦会消失。但是，你要记住，你天生是可以忍受一切的，因为事情可否被忍受，取决于你思想的判断。将其当成有益于自身，或是自己的责任，一切都是可以忍受的。

4

如果有人犯了错，请耐心教导他，指出他的错误。如果办不到，那就责怪自己好了，或者连自己也不要责怪。

5

发生在你身上的一切事情，都是在永恒之中为你设定好了的。一切事情的缘由，皆来自于编织出你和你命运的永恒。

6

不管宇宙是原子无序的组合,还是自然的一个有机整体,都可以明确一点:我是受自然本性所支配的宇宙整体的一部分。其次,在一定意义上,我与宇宙的其他同性质部分是紧密相连的。只要牢记我是宇宙中的一部分,就不会对宇宙整体所分配给我的事物感到不满。凡是有益于整体的,必然不会给其部分造成伤害。整体不会包含任何不益于自身的事物,这是所有事物所具有的普遍特征;而宇宙还具有另外的特征——不受任何外部事物的强迫,去产生任何有害自身的事物。

只要牢记我是宇宙整体的一部分,便会对所发生的一切都感到满足。只要我依然与其他同性质部分保持紧密的联系,我便不会做任何危害社会的事情;凡事都会以服务社会、有益于人类的利益为目标。如能如此,生活必然是幸福的。你必然注意到,那些坚持去做有益于社会之事,且满足于自己命运的人,他们的生活总是幸福的。

7

整体的各个部分,宇宙中所有的有机组成部分,最后都必然会消亡。也就是说,它们都要经历改变。但如果这个过程是一种必须要经历的伤害,那么宇宙整体就无法保持良好的状态，因为其部分总是变而又变，并注定以不同的形式消亡。难道是宇宙自然把伤害带给组成自身的各个部分，让它们统统堕入邪恶之中吗？难道这种结果的产生是宇宙自然所没有预料到的吗？事实上，这两种假设都让人难以信服。

我们一面肯定整体的各个部分都要经历改变，一面又对这种改变表示惊讶或烦忧；尤其当各个部分消亡、分解成构成万物的元素之时，好像这是违背本性之事；即使我们在谈论这种"自然的改变"之时，不使用"自然的"这一象征绝对力量的词汇，这种态度实在是无比可笑。因为组成事物的元素最终会消散，或转变为其他形式，固体转化为尘土，气体则都化为空气。不管他们是在特定周期内被火元素所吸收，还是进入到永恒改变的循环中去，最终都会回归到宇宙的理性之中。

所以，不要以为所有固体和气体的物质，在其产生之时就已经拥有。它们都是在形成之后，通过从食物和空气中吸取营养，在时间里不断发展起来的。这些并非从母体中带来，而是后天逐渐发展起来的物质，也会经历改变。即使是从母体带来的形体，与后天发展起来的那部分形体有密切联系，这和我们的论述并不相违背。

◻ 8

如果你已经具备了善良、谦逊、真实、理性、平静和高尚的品质，请妥善保存，不要将其遗失。一旦遗失，要尽快把它们找回来。记住，"理性"指的是要有区别地对待不同事物，摆脱无知。"平静"指的是要自愿地接受自然所赋予的一切。"高尚"指的是要提升我们的智慧，使其超越一切肉体的享受或痛苦，超越所谓的名誉和死亡等。如果具备了这些品质，但又不因这些品质而沉溺于他人的称赞，那么你就超越了原本的自己，生命也会进入另一种高度。固守原本的自己不求改变，等待最后被撕裂和玷污，那是愚人的行为，是贪恋生命的表现，就像那些被野兽撕裂的角斗士，尽管已经伤痕累累，还依然选择苟延残喘，去继续面对野兽的利爪和獠牙。

所以，你需要妥善保存所拥有的这些品质，并努力秉承这些品质去行事，仿佛自己生活在幸福的小岛之上。一旦你察觉到自己偏离并遗失了它们，那就勇敢地去将它们寻回。你甚至可以选择就此结束生命的旅程，不是带着愤怒去赴死，而是要以一种单纯、自由和谦逊的心态去结束自己的生命，在结束生命旅程之前，你至少要庄严地完成这一件事。

帮助你继续拥有的这些品质的办法是：心中常有神明，并时刻提醒自己，神明不接受人类的阿谀奉承，要的只是拥有和自己一模一样的理性的人类。你要知道，无花果树的职责就是去做无花果树的工作，狗的职责就是去做狗的工作，蜜蜂的职责就是去做蜜蜂的工作，同样，人类的职责就是去做身为人类的工作。

9

日常生活中滑稽的模仿，战争、惊诧、懒散和奴役，这些事会一点点侵蚀掉你所坚持的神圣理性。你没有去认真观察自然而想象出了多少事情？又忽略了多少现实中的事情？你有责任去认真观察，并履行你全部的职责；提升应对环境的能力，锻炼思考问题的能力；通过了解特定事物而增强自己的信心，但是这种信心是内敛的，无须四处显摆，但也不会被掩盖。

你何时才能学会享受淳朴和庄严？学会享受知识带给你的快乐？通过对特定事物的了解所获得的知识，它的本质如何，它在宇宙中所处怎样的位置，它形成所用的时间和组成要素是什么，所有者是谁，谁有权能将其给予或拿走？

10

蜘蛛因捕捉到苍蝇而窃喜。当有人捕捉到野兔，另一人用渔网捕捉到小鱼，又一人狩猎到了野猪或者熊，又有人俘获了萨尔马提亚人①，他们也都是窃喜的。如果去审视他们内心的想法，这些人难道不是和盗贼无异吗？

---

① 萨尔马提亚人：斯基泰人和亚马孙人的后代。其文化以妇女骁勇善战而著称。在罗马帝国时期，罗马军队曾大量雇用萨尔马提亚人作为骑兵。传说英国亚瑟王就曾在罗马帝国的萨尔马提亚骑兵服役。

11

对于万事万物之间的相交变化,要时刻予以关注,要学会以一种沉思的方式,从哲学的高度来锻炼自己。想要培养高尚的品德,这便是最好的途径。一个人若善于沉思,他就不会过多地关注自己的身体,因为他知道,他随时都有可能离开人世,离开所有的一切。所以不论做什么事,他都力求公正,并且遵照宇宙的本性行事。

至于别人如何评论、看待或针对他,他都毫不介意,只要做到下面这两点,他便会心满意足:一是不论做什么事都坚持正义,二是满足于自然所分配给他的一切。除此之外,抛弃一切让他分神的琐碎欲望,除了要在生命旅程中严格遵循宇宙的法则,并追随神明之外,他别无所求。

12

有能力去探究哪些是应做之事,就不必无端畏惧。如果你清晰地看到前方之路,就高兴地往前走,不要回头。如果你感到了迷茫,停下来去听听明智之人给予的意见。如果有什么阻碍了你,尽可能谨慎,同时坚持公正。能够实现目标固然更好,如果无法实现,至少也要去尝试一下。

能在任何时候都遵循理性,他便是既平静又积极,既欢快又镇定的人。

13

从睡眠中醒来,首先自问:"如果有人做了公正且恰当的事,这对我会有什么影响吗?"不会有任何影响。

你应该记得,那些傲慢地赞美或者指责他人的人,在床上、在饭桌旁也都是这副模样。你应该记得,他们平日做些什么事,他们在逃避什么,又在追求什么?他们是如何去偷窃和抢劫的,不是靠手脚,而是出卖自己最宝贵的那一部分?如果他们愿意,本可以借助这最宝贵的部分来培养并产生忠诚、谦逊、真理、法律和幸福的。

14

自然给予一切,同时也带走一切。一个受过教育的谦逊之人会对自然说:"给予一切你想要给予的,带走一切你想要带走的吧!"这句话并非他傲慢,而是出于对自然的顺从和欣喜。

15

你的生命已所剩无多。像生活在高山之上那样去活吧!不管是在何处,只要能够像世界公民那样去生活,不论是这里或是那里,都没有什么差别。让他们去观察,去了解如何真正地遵循自然去生活。如果他们无法忍受你,那就让他们结束你的生命。因为这般生活,还不如死去。

16

不要再去讨论好人应该如何行事了,去成为一位好人吧!

17

要经常思考永恒的时间和全部的物质,想一想,对于全部物质来说,每个人是多么微不足道啊;对于永恒的时间,每个人的生命是多么短暂啊!

18

观察一下现存的所有事物,你会注意到,它们已经处在分解和改变之中了,要么腐烂,要么分散,要么遵照其本性走向消亡。

19

思考一下,人们在吃饭、睡觉、做爱、排泄及做其他事情的时候,是怎样的一副嘴脸!当他们专横跋扈,傲慢自大,狂怒暴走,以及高高在上地斥责怒骂的时候,又是怎样一副丑态!其实就在不久之前,他们在向多少人点头哈腰,又在被多少事奴役着；不久之后，他们又会是什么样子呢？

20

宇宙本性带给每件事物的，都是有益于它们的；而选择带给它们的时机，也都是对它们有利的。

21

"大地喜欢雨露""庄严的天空也有它的所爱"，而宇宙也热衷于创造一切未来生存之物。我对宇宙说："我热爱你所热爱的一切。"我们是不是也常说："这件或那件事物乐于变成这个样子？"①

22

或是你本就在这里，也已经习惯了这里的生活；或是你选择了离开，那也是出于你自愿；又或是，你正处在死亡的边缘，并已经完成了所有的责任。除此之外，再没有别的可能了。那么，请乐观地去生活吧！

---

① 引自荷马《奥德赛》。

◆ 沉思录 ◆
The Meditations

■ 23

你要明白,脚下的这片土地和远方的土地没有区别;不管是在这里,还是在高山上,或滨海边,或其他任何你想去的地方,所有的事情都是一样。对此,柏拉图说过一句很有深意的话:"居住在城市的围墙之内,同生活在山顶的羊舍之中,是没有区别的。"

■ 24

此刻,主导我的理性对我来说意味着什么?我是否遵从了它的本性?我在用它做什么?它是否具备充分的理解力?它是否对自己有所松懈,并在社会生活中变得支离破碎?它是否堕落到和肉体为伍,被肉体控制?

■ 25

弃主远遁的人都是逃亡者。法是我们的主宰,违法之人都是逃亡者。法掌管着宇宙间的一切事务,根据每个人的情况,给他分配适合他的事情。如果有人对分配给他或将要分配给他的事情不满意,或悲伤,或愤怒,或畏惧,那么他便是法的逃亡者。

26

一个男人把精子射进子宫后离开了,之后便会有其他力量接手,小心呵护,把它孕育成一个婴儿,这是一件多么神奇的事情啊!婴儿进食之后,然后就有其他力量接手,把食物转化为感觉和行动,为生命提供健康和力量。通过这种隐秘的方式产生的事物有多少,这是多么神奇的事情啊!这种力量,同那种推动着事物上下运动的力量一样,虽然它无法用眼睛观察到,但却同样显著。

27

想一想:那些存在于现在的事物,他们的过去以及未来的模样,都和现在一样的。不论是你本人经验中看到的,还是历史上学到的,都跟戏剧和舞台的表演形式一样。例如,哈德良宫廷[①]、安东尼宫廷,还有菲利普、亚历山大和克罗伊斯[②]他们的宫廷,所有这些宫廷都别无二致,只是表演的演员不同而已。

28

想象一下,所有对生活不满,或对任何事情感到苦恼的人,都像是一头献祭的猪,又踢又叫。而那些躺在床上,默

[①] 哈德良宫廷以奢华著称。
[②] 克罗伊斯:里底亚最后一位国王,以财富众多而闻名。

沉思录 The Meditations

默为制约命运的束缚而哀叹的人,也如同是祭祀台上的猪。你要知道,顺从是自然对一切事物的要求,而自愿遵从则是自然赋予理性人类的特权。

29

不论做什么事,都请停下来自问:"死亡之所以可怕,是不是因为它剥夺了我去做这件事的权利?"

30

如果他人的过错激怒了你,立刻反思一下,自己是否犯过类似的错误,比如,把金钱当成好东西,能给人带来幸福或名誉等。这样想一想,怒气就会很快平息,并且还可以自行宽慰:也许这个人也是被逼无奈,除了这么做,他别无他选。或是,你尽可能去帮助他,把他从中解脱出来。

31

看到萨提隆[①],想一想苏格拉提克斯[②],优提克斯[③],或海

[①] 萨提隆:奥勒留几乎同时代的一位哲学家,具体生卒不详。
[②] 苏格拉提克斯:生活时代稍早于奥勒留的哲学家,具体生卒不详。
[③] 优提克斯:生活时代稍早于奥勒留的哲学家,具体生卒不详。

门[1]；看到优弗拉提斯[2]，想一想优提济昂[3]或西尔瓦诺斯[4]；看到阿尔西佛龙[5]，想一想特洛帕奥佛勒斯[6]；看到色诺芬[7]，想一想克利图[8]或西弗勒斯[9]；当你自我审视的时候，想一想另一位恺撒，或者任何与你处境相似的人。进而再思考：他们如今都在哪里？哪里都不在，也没有人知道他们去了哪里。这样反复思考之后，你会发现人世间的生活不过是过眼云烟。在无限的时间长河里，所有的事物，一旦逝去便会永远消失。

你呢，你的生命又是多么短暂啊！为什么不以一种井然有序的方式，去度过短暂的一生呢？你在躲避什么事情和机遇呢？认真审视一下生命中所发生的一切，不都是遵循本性而发生的吗？坚持把真理转化为你自己的一部分吧，就如同肠胃把食物吸收，转化为自己的力量；如同大火吞噬一切落

---

[1] 海门：生活时代稍早于奥勒留的哲学家，具体生卒不详。

[2] 优弗拉提斯：古罗马时期苦修派哲学家，主张哲学家应为干练世务之人，被哈德良赐服毒自尽。年纪可能稍大于奥勒留，奥勒留创作此书时尚在人世。

[3] 优提济昂：生活时代稍早于奥勒留的哲学家，具体生卒不详。

[4] 西尔瓦诺斯：生活时代稍早于奥勒留的哲学家，具体生卒不详。

[5] 阿尔西佛龙：古罗马诡辩家。年纪可能稍大于奥勒留，奥勒留创作此书时尚在人世。

[6] 特洛帕奥佛勒斯：生活时代稍早于奥勒留的哲学家，具体生卒不详。

[7] 色诺芬：希腊历史学家，苏格拉底的弟子。他以记录当时的希腊历史、苏格拉底语录而著称。

[8] 克利图：苏格拉底的朋友。

[9] 西弗勒斯：逍遥学派哲学家，与奥勒留同时。

入其中的物质,然后增强自己的火势。

◻ 32

把自己变得简单而善良,任何斥责你不简单或不善良的人,就都是虚伪的撒谎者。让自己变得简单而善良,这难道不是你能力范围之内的事吗?有谁能阻止你这么做吗?如果做不到,你怎么能继续生活下去?如果无法变得简单而善良,理性也不会允许你再生活下去!

◻ 33

对我们的生命来说,最符合理性的言行方式是什么?不管是何种方式,都是要自己去做事,去交谈,不要以受到阻碍为借口推说做不到。

对于自然所赋予的一切事物和境遇,如果你都能够按照人的本性去行事,并且能够像享受奢华一样,对此乐此不疲,你的心灵就不会再受到哀怨之声的困扰。

作为人类,不论处理什么事情,只要遵从本性去行事,都将其当成是一种享受,而且,也能够遵从本性去行事。但是,圆柱体没有自由滚动的能力,水、火或其他所有受自然规律控制的东西,或由非理性灵魂主导的事物,都没有自主活动的能力,这些事物因而受到更多制约和阻碍。而对于智慧和理性来说,它们能超越所有阻碍因素,因为它们本性中具备这种能力。要时刻记住,这种超越一切的能力,是理性本性所具有的,就像火焰向上,石头向下,圆柱体就斜面能滚动一样,除此之外,你无须再去寻求其他任何事物。

如果外部事物能对我们产生阻碍,那表明要么是寄居在身体的灵魂已死,要么是理性选择了妥协和屈服,否则任何外部因素都无法打垮或伤害到我们。如果果真受到了伤害,那只能说明理性已经堕落。对于其他一切生物来说,如果受到外物的伤害,那它本身必定吃亏;但对人类而言,如果能够恰当合理地处理伤害,反而可以变得越来越好,也更加值得赞扬。最后不要忘记,凡是对国家无害的,也不会对其公民带来伤害;凡是对律法无害的,也不会给国家带来危害。而那些所谓意外的不幸,是不会伤害到律法的。简而言之,凡是对律法无害的,也都不会给国家和其公民带来危害。

34

对于真正领悟了宇宙法则的人来说,即使是最细微,最普遍的自然现象,都足以警醒他摆脱悲伤和恐惧的束缚。例如:

看到被微风吹散,零落在地上的树叶,你便能领悟到,人类也正如这树叶一般。[1]

你的子孙就像是小小的树叶。那些受到表扬和称赞而高

---

[1] 引自荷马《伊利亚特》。

声呐喊的人,像是树叶;受到诅咒和谴责怒骂的人,也像是树叶;追逐死后声名的人,也像是树叶。所有这些事情正如诗人所说,都是"到了春天就发芽",秋后树叶就会被风吹落,森林继而又会长出新的嫩叶。要知道,世间万物转瞬即逝,你在规避或追求任何事物的时候,都要牢记这一点。用不了多久,你就会永远闭眼安息,而埋葬你的人,不久之后也会逝去。

35

健康的眼睛,应该去观察一切可见的事物,而不要说:"我希望只看到绿色。"因为只有病变的眼睛才只能看到绿色。健康的听觉和嗅觉,也应该随时去感知一切声音和味道。而健康的肠胃也要像能研磨一切粮食的磨盘一样,能够接受并消化所有摄取的食物。同样的道理,健康的理解力要乐于去理解所有发生的事情。如果有人说:"请让我们挚爱的孩子活下去吧!不论我做什么,都让所有人来称赞我吧!"这就如同那追求绿色的双眼,或只热衷于软食的牙齿。

36

你生命垂危之时,身边总有人暗自窃喜,希望你早点死,没有任何人可以幸运地让所有人都哀痛他的去世。即使是善良又睿智的人,在弥留之际,也会有人在心里自语:

"终于可以不用听他的说教了,虽然他对所有人都不苛刻,但总会不动声色地谴责我。"一个善良的人离世尚且如此,对普通人来说,又会有多少人巴不得尽早摆脱他!在弥留之际,这样去想:啊,这就是我所生活的世界啊!在这里,就连那些我所珍惜和关爱的亲密之人,也希望我早些死去,盼着我死后他们可以生活得更惬意。这样的生活还有什么值得留恋的呢?

不过,你不必因此就带着对他们的怨恨离开,不要改变你善良的本性,要依旧友善、仁慈和温柔地对待他们。另外,也不要以一种被迫离开的心态结束生命,平静地接受死亡的到来吧!灵魂很容易脱离身体,在离别世人之时,也应当如此。宇宙自然把你们结合在了一起,现在也只是把这个结打开。那么,就顺从地和世人分离吧,不要去抵抗,好像你是被强迫带走的一样。而应顺从地走开,这也是本性的要求。

37

不论别人做什么事,都习惯性地自问:"他的目的是什么?"但是,首先从自己开始吧,不管做什么,都问问自己的目的。

38

记住,操控我们的力量是深藏在内心的,是信念的力量,是生命力,也可以说是人性。在审视这种内在的时候,一定要排除掉环绕着灵魂的肉体,剔除掉肉体上的器官。因为肉体和器官就如同工人的斧头,唯一不同的是,它是生长在我们身上的。它们就如同纺织者手中的梭子,作家手中的笔,以及车夫手中的鞭子,没有了控制和主导其行动的灵魂,它们便毫无用处。

卷十一

◆ 沉思录 ◆

The Meditations

■ 1

理性的灵魂具有以下特质：它审视自我，分析自我，按照自己的意愿塑造自我；理性灵魂产出的果实供自己享用，而植物和动物产出的果实则被他人享用；不管生命于何处终结，灵魂都能独立其外以实现自我。在舞蹈、戏剧和类似的表演中，只要有一个环节缺失，整体性就会显得残缺不全。但对理性灵魂而言，不论哪一部分，不论止步于何处，它都是完整而充分的，因而可以理直气壮地说："我实现了自我。"

不止如此。理性灵魂还可以漫游在周围的大气和整个宇宙，探索宇宙的本质；还可以置身于无限的时间，去探索和感悟万物更替的周期循环性。它十分清楚，未来之人和前人所看的一切，与现在的一切是一样的。所以，一个年过四十的人，但凡他具备一点领悟力，在某种程度上就已经见证了过去之一切，以及未来之一切。在无限的时间里，万事万物是更替发展，周而复始的。

另外，理性的灵魂还具有以下品质：热爱邻人、真理和谦逊；重视自身胜过其他一切事物，这也是律法的特征。因而，恰当的理性和正义的理性在本质上是一样的。

■ 2

把一首完整的乐曲拆分成单个的音符，然后针对每个音符自问："这个音符让我折服了吗？"用这种方法来审视整部乐曲，你便不会赋予它过高的价值，因为你必然会羞于承认自己会被单独的音符所折服。同样，把舞蹈或角斗赛的每一个动作也拆分后进行审视，其意义也没有那么重要了。简而言之，除了美德和美德的践行以外，在面对所有事物的时候，都要将其拆分后进行审视，则所有事物的价值都将大大降低。然后，借助这一方法去审视你整个人生吧！

◼ 3

一个灵魂，必要时能脱离身体，最终灭亡，消散，或是以其他形式继续存在，它能随时做好准备，这将是怎样的一个灵魂啊！不仅如此，这种欣然离去是基于自身的判断，而不是出于类似基督教徒对死亡的那种固执追求①。它经过了深思熟虑且带有尊严，足以让人信服，且不带丝毫悲剧色彩。

◼ 4

我做了什么有益于公众的事情吗？我已经得到应有的报酬了。你需要时刻这样反省，督促自己去做更多服务公众的事情。

---

① 奥勒留时代的基督教徒，以顽强抵抗及面对迫害而闻名。

5

你擅长做什么呢?"行善。"那么,如果不遵循那普遍的理性,你如何能成功呢?这普遍理性,不仅是关乎宇宙本性的,还是关于人类本性的。

6

悲剧最初是用来提醒人们:现实生活中也会发生同样的事情,这都是遵循自然所必然要发生的。如果可以接受舞台上的悲剧,那对于在人生舞台上所发生的事情,也不应感到困扰。因为这些事是必然要发生的,即使有人痛呼着"苍天啊[①]",同样也都忍受了下来。悲剧作家的有些话说得颇有深意,比如:

"如果神明无视我和我的子孙,那必然有其缘由。"

还有,

"决不对已发生的事情感到愤怒和烦忧。"

又如,

"生命之收获犹如收割丰硕的麦穗。"

还有其他类似的表述。

悲剧之后产生了旧喜剧,喜剧在语言表达上更加灵活。

[①] 引自索福克勒斯《俄狄浦斯王》。

喜剧通过朴实率真的语言，提醒人们要警惕傲慢无礼的行为，就连哲学家第欧根尼也经常引用喜剧作家的话。

不过，随后出现的中期喜剧，你需要认真审视它的本质是什么，它被引进的目的是什么。因为中期喜剧后来渐渐沦为了矫揉造作的模仿。尽管这时期的喜剧作家也说过一些至理名言，但是戏剧中所涉及的作法和诗，它们的目的是多么浅薄啊！

7

想要在生活中领悟哲学，你当下的生活方式就是最合适的：这不是显而易见的事吗？

8

从临近的树枝上砍掉一根树枝，也一定是从同一棵大树上砍下的。同样，一个人和另一个人分离，他也是从人类的社会群体中分离出来的。所不同的是，树枝是被人砍掉的，而人却是他憎恶并远离邻人之时，把自己和邻人隔离了。遗憾的是，他和邻人分离之后，并不曾察觉这样是和整个社会群体分离了。

不过，构建人类社会的神明赋予了人类一定的特权，即人可以通过努力，再次与邻人融合，并重新回归社会。但如果这种分离频繁发生，要再次融合，进入整体，就会变得异常困难。需要注意的是，那从始至终都生长在大树上，并和它共享同一生命的树枝，同那被砍下后再补接上去的枝条，两者大不相同。正如园丁所说，补接上的枝条虽然和其他枝条一同生长，但两者却同根不同心。

9

在遵循理性的正途前进中，即使有人挡住了路，也不能妨碍你做正当的事。不要让他们夺去你的仁慈，同时要警惕两件事情：第一，要坚持正确的判断和恰当的行为；第二，要继续温柔地对待那些阻碍你或给你制造麻烦的人。被他人激怒，或因畏惧而偏离正常的行为轨道，这两者都是弱点，都是抛弃自己本该坚守岗位：一个因畏惧而退缩，另一个疏远了他本性上的亲友。

10

自然是不可能逊色于艺术的，因为艺术本来是对自然的模仿。如果实际情况真是如此，那么至善至美且包容一切的自然，必然超越所有艺术技能。既然所有艺术都是以一种低级的形式来服务高级本性的，那么宇宙的本性亦是如此。正义来源于此，而正义又是其他美德产生的基础；如果我们只关注那些平庸之物（无关紧要的事物），或者粗心大意，变化无常，又极易受骗，那么正义就无法得到践行。

◘ 11

有些事物,无论你是追逐或者回避,都会带来烦恼,其实往往不是它们找的你,而是你主动找的它们。当你冷静下来对这些事物进行判断,它们也就安分下来了,你也不用再去追逐或者回避了。

◘ 12

灵魂是一个美丽的球状物,它既不向外界物体延伸自己,也不向内收缩自我,它既不分散,也不下沉。它能照耀出光明,然后看到蕴含在一切事物和它自身之中的真理。

◘ 13

有人鄙视我,那就让他鄙视吧。我只要保证,自己的言行没有任何值得他人鄙视的地方就可以了。有人憎恶我吗,那就让他去憎恶吧。我只要保证,自己依然可以温和且仁慈地对待所有人就可以了。不仅如此,我还要随时准备着指出他人的误解,甚至包括憎恶我的人,不过不是以一种责备的语气,也不是以一种炫耀自己忍耐性的姿态,而是高尚且真诚地指出他的误解,就像伟大的福基翁①(如果他是真的伟大的话)。我们的内心应当如此,同时也应该让神明看到我们这样的生活状态:从不对任何事挑剔或抱怨。如果你遵循你的本性做事,对一切适合宇宙本性的事物感到满意,且作为人类的一员,在一定程度上为公众的利益而服务,那么你又怎么可能会遭遇任何不幸呢?

14

人类既互相蔑视,又互相吹捧;既希望踩在他人头上,又匍匐于他人脚下。

15

有人说:"我决定要公正地对待你!"这话听起来多么虚伪,多么不靠谱啊。"人啊,你这是在做什么?"无须语言回答,他很快会通过行动告诉你。应该把语言明明白白地刻在额头上,就像是一个人的内心会通过眼睛里反映出来,比如热恋中的爱人,可以从情人的眼睛里读懂对方的一切。一个诚实善良的人,能够散发出强烈的内在气息,所有靠近他的人都能够感知到内心的意愿。矫揉造作的纯朴就如同是

---

① 福基翁:古希腊政治家和军事将领,曾跟随柏拉图学习。他为人正直,忠诚为国,后因罪被处死,死前告诫他的儿子:"不要对雅典人存有怨恨之心。"之后被恢复名誉,并享国葬之礼。

歪曲的木棍，虚伪的友谊是最为可耻的。请你一定不要这么做。所有的善良、纯朴和仁慈都能通过眼睛反映出来，都是真实无误的。

16

灵魂具备一种能力，能使我们按照最恰当的方式去生活，对无关紧要之事保持漠然的态度。如果能够从事物的各个部分分别进行观察，那我们也能从其整体进行审视，便可以做到对事物淡然视之；另外还要记住，事物本身不会让我们对其形成看法，也不会主动找上我们，它是固定不变的，对它产生评判的是我们自己。正如我们常说的"把它记在心里"，所以也可以选择"不把它记在心里"。如果在潜意识里形成了对事物的评判，那就把它消除好了。要知道，我们对事物的关注只能持续很短的时间，因为生命只在须臾。此外，还会有什么麻烦呢？如果这些事是符合自然的，那就好好享受，它们对你来说会变得十分容易；如果是违背自然的，那就去探寻适合你本性的事情，即使无法为你带来荣誉，也请朝着它前进，因为每个人都有权利去追求更好的自己。

17

要这样来思考每一件事：它来自何处，组成要素是什么，会发生什么改变，改变后的本质又是什么。而且还要了解，它改变之后不存在任何危害。

18

如果有人冒犯你，首先思考一下：我和人类的关系是什么？一方面，人类生来就是要互相扶持的；另一方面，我来到世上就是要管理他们的，就像羊群中领头的公羊，以及牛群里带头的公牛。不过，你同时还要用下面这几条原则来审视问题。

第一，如果万物不是原子的简单组合，那么必然有控制着一切的自然；如果自然控制了一切，那么低级的事物生来便是为高级的事物服务的，而高级事物之间是要互相扶持的。

第二，思考一下，在饭桌旁，在床上，或在其他场合，他们是什么样子？特别是要考虑一下：是什么迫使他们形成现有的观点，他们是否为在做事感到骄傲？

第三，如果他们能够以恰当的方式去做事，你就不应该感到不快；如果方式不恰当，很显然，他们是被迫或无知才这么做的。每个灵魂都不希望被剥夺真理，同样也不愿被剥夺按本分行事的能力。这也就是为什么，当被别人谴责不公正、不知感恩或贪婪的时候，被邻居当作是坏人的时候，他们会感到痛苦不堪。

第四，要知道，你和其他人没有区别，也做过很多错事。有时候因为胆小、珍惜名誉或受其他卑劣动机的影响，你避免了某些错误，但依然存在重蹈他人覆辙的可能。

第五，想一想，平常所做的很多事情，都是受当时的情况影响和制约的"权宜之计"，导致很多事情其实无法判断其错误与否。总而言之，我们要掌握很多知识，才能够合理地去评判他人的行为。

第六，当你愤怒或悲伤之时，想想人类生命的短暂。过不了多久，我们都会永久地躺进坟墓。

第七，困扰我们的不是别人的行为——那些行为都是在他们各自理性的指导下完成的——困扰我们的是自身的观念。剔除掉这些观念吧，如果你认为某个行为让人气愤，那就消除掉这种判断，怒气自然就消失了。如何消除这些观念呢？这样想一想吧：别人的任何错误都不会给你带来耻辱。因为除非可耻之事是唯一的邪恶，否则你自己必然也做了许多错事，沦落为强盗或其他邪恶之人。

第八，相比于行为本身，我们对这个行为发怒或生气的行为，给我们带来了更多的痛苦。

第九，真正的好性情是无懈可击的，只要它是真诚流露，而非假意为之。如果你一直和善地对待他人，即使是最粗暴的人也不能对你做什么吧？如果时机允许，你甚至可以在他试图伤害你的时候温柔劝告，平静地指出他的错误，告诉他："不要这样，我的孩子，我们本性就不该这样做。孩子，你不会伤害到我，但却会让自己受到伤害。"技巧得当地告诉他自然界中的普遍原则：不仅是蜜蜂，任何其他群体性动物都不会这样做。但在指正之时，你不能带着责备和说教的语气，也不要一语双关，要带着真诚和善意；不要为了赢得旁观者的赞赏而去这么做，最好选在他一个人的时候。

铭记这九条原则，把它们当作是缪斯诸神赐予的礼物，在余生中像一个真正的人去生活吧。要注意，既不要去奉承他人，也不要被他人激怒，因为这两者都有违人类的社会本性，都会给你带来伤害。怒火中烧的时候，提醒自己：被激情控制是有违人的本性的，温柔和善才更符合人类本性，也更具男子气概。凡是温柔和善之人，也必然具备力量、胆识和勇气等品质，也不会受激烈和不满情绪的影响。心灵如果超脱了激烈情绪的影响，就会在一定程度上拥有力量。痛苦是懦弱的表现，愤怒同样也是。受痛苦和怒火影响的人，都迫使心灵屈服，给自身带来伤害。

如果你愿意，缪斯诸神的领袖太阳神阿波罗会赐予于你第十份礼物："期盼邪恶之人不去犯错是不符合理智的。"这本就是不可能的事。如果你允许他们对别人胡作非为，却不希望他们对你犯错，这也是不理性的专横想法。

19

有四种容易偏离理性的情形，需要时刻提防，一旦意识到它们的出现，立刻将其消除，同时提醒自己：这种想法是不必要的，它会破坏社会的团结；你意欲说出的话也不是真正想说的，如果这些话不是真实的想法，将是多么荒唐。第四种需要引起注意的情形，是因某些原因而责备自己。这等于承认一个事实，即：你的神圣性被低等且易腐朽的肉体控制，屈服于肉体的享乐。

20

气体元素和火性元素，它们本是具有上升的本性，但是它们却遵从宇宙自然的安排，融合在你的身体里。具有下降本性的土性和水性元素，也遵从宇宙自然的安排，被自然糅合在你的体内。由此可见，各种元素都要遵从宇宙自然的安排，各自坚守岗位，直到宇宙发出最后的号令，它们才会重新回归本位。

如果你的理性不服从安排，对自己的位置感到不满，这不是很奇怪吗？要知道，除了那些适合它的本性外，没有任何因素会强加在理性之上。即使如此，理性还是叛逆不从，和其本性背道而驰。所有不公正和放纵的行为，一切愤怒、悲伤和恐惧的情绪，都是违背理性的。理性如果为了这些遭遇而感到不满，就等于是擅离职守，因为我们的理性不仅要坚持正义，还要对神明虔诚和尊重。虔诚等品质要比践行正义更加重要，因为虔诚是我们对事物表示满意的一种体现。

21

一个人如果不能始终坚持同一个目标,那他的一生也就不能始终如一。我们这么说还不够充分,还要补充说明:要坚持什么样的目标?对于不同的事物,大多数人的看法都会或多或少地有所不同,除非是有关公众利益的特殊事项才会意见统一。因此,我们的目标也应该符合公众的利益。一个人如果致力于为这样的目标而努力,那他所有的行为都会保持一致,以公众利益为核心。

22

不要忘记乡下老鼠和城里老鼠的故事,想象一下城里老鼠惊慌失措的模样。①

23

苏格拉底曾把民众的观点戏谑为"拉弥亚②"——用来吓唬孩子的人首蛇身女怪。

---

① 此节之意取自《伊索寓言》。

② 拉弥亚:古希腊神话中人首蛇身的女怪。相传,拉弥亚原是一位美丽的女王,后因深受宙斯宠爱而被天后赫拉所嫉妒,赫拉多次施展法术加以迫害,让她变成了怪物并专食小孩。

◘ 24

古代的斯巴达人,他们在举行盛典活动的时候,会在阴凉处给陌生人设置座椅,而自己则四处随意而坐。

◘ 25

苏格拉底曾在拒绝帕狄卡斯①的邀请时向他解释说:"我不希望以最坏的结局结束我的生命。"意思是说"我不会接受一个无法偿还的恩惠"。

◘ 26

以弗所②人有这样一条训诫:要时常想一想品德高尚的前人。

◘ 27

毕达哥拉斯学派的哲学家告诫我们:"要在清晨凝望苍穹,怀想星辰,它们如何永久地在同一轨道里运行,遵循相

---

① 帕狄卡斯:马其顿国王,曾经邀请苏格拉底与他分享其国土之一部分。
② 是吕底亚古城和小亚细亚西岸希腊的重要城邦,罗马时代是亚细亚省的首府和罗马总督驻地。

同方法去完成工作,想一想它们的纯洁和本真。"要知道,星辰之上是没有遮羞布的。

28

当妻子克桑蒂贝拿走了苏格拉底的外衣,想一想他披上皮衣时的样子。朋友看到苏格拉底的穿着,为他感到羞耻的时候,想一想他对他们所说的话。

29

不论是书写还是阅读,都不要试图给别人设定规则,除非你自己先学会如何遵从规则。在生活中更是如此。

30

啊,你是一名奴隶,自由的言论并不适合你。

31

……我的内心狂笑不止。[①]

[①] 此节引自荷马史诗《奥德赛》。

32

他们言语犀利地谴责美德。①

33

在冬天寻找无花果的人是疯狂的;错过了合适的年龄,还要寻求孕育子嗣,也同样是不理性的。②

34

爱比克泰德说:"一个人亲吻他孩子的时候,会对自己耳语,'他明天或许就会死去。'"有人会说:"那可是很不吉利的话。""没有任何描述自然工作的语言是不吉利的。"爱比克泰德说,"如果这些语言是不吉利的,那么'收割玉米穗'这样的描述岂不也成了不吉利的话了吗?"

35

未成熟的葡萄、成熟的葡萄和葡萄干,这些都是葡萄所

---

① 此节引自赫西俄德《工作与时日》。
② 此节引爱比克泰德之语。

经历的改变，不是变成虚无，而是转化为新的形式。①

◘ 36

没有人可以剥夺我们的自由意志。②

◘ 37

爱比克泰德还说："应该要找到自己表示认同的艺术（或规则）；在行动上，要注意考虑环境的影响，同时要符合社会利益，有利于实现目标的价值；要努力摆脱感官欲望的影响；对于任何不在我们能力范围之内的事情，都尽量不要表现出对它的排斥（或厌恶）。"

◘ 38

爱比克泰德又说："所有的争论都不是关于日常问题的，而是有关我们是否保持着理智。"

◘ 39

苏格拉底常说："你想要什么？是理性的灵魂还是非理

---

① 此节引爱比克泰德之语。
② 此节引爱比克泰德之语。

性的灵魂？理性的灵魂。""什么样的理性灵魂呢，是健全的还是不健全的？健全的。""那你为什么不去追求它呢？因为我们已经拥有健全的理性灵魂了。""那你为何还会争吵厮打呢？"

◆ 沉思录 ◆
The Meditations

■ 1

所有你梦寐以求希望获得的东西，只要你不拒绝，现在就可以拥有。这要求你：不要受过去的影响，把未来交付给天意，虔诚并公正地专注于当下。要虔诚，就意味着要对安排给你的命运感到满足，因为自然为你设定了命运，也为命运设定了你。要公正，就意味着要真诚且自由地表露真理，并遵照法律和事情本身的价值去行事。不要让别人的弱点、观点或声音阻碍你，也不要肉体的欲望影响你，受欲望影响的部位自会去应对。

在你即将离开人世的时候，除了体内的理性和神性，不要去关注其他任何事情。在即将离世之时，不为即将停止生活而感到恐惧，只为从未按照自然之道生活而担忧，对于创造了你的自然来说是一个有价值的人。如果能这么想，对于你所生活的土地来说，你也不算是陌生人，也不会再对日常之事大惊小怪，亦不会再去依赖任何外在之物。

■ 2

神明在体察人类理性的时候，能够排除一切物质外衣和污秽的干扰，用他的理智直接审视人类的理智。人类的理智也是神明所赋予的，来源于他的投射。如果你能够像神明这样去做，能省去很多不必要的麻烦。一个人如果不去关注自身的躯壳，自然也不会浪费精力去在意衣物、住所和声名等这些身外之物。

3

肉体、呼吸和理性,这三者组成了你的全部。前两者是属于你的,因为你必须保持住它们,但真正而言,只有第三个才是真正属于你的。如果你把别人所有的言行,自己所有的言行,困扰着你的未来之事,独立于你的意志之外的有关肉体或呼吸的一切,以及你周围一切外部事物,从你的理性里割舍,那么理性便可以纯洁自由地生活,并且去做一切公正之事,接受所发生的一切,勇于说出一切真理。如果你的理性真的可以摆脱感官的干扰,过去和未来的影响,就可以像恩培多克勒①的球体一样去生活:"万物浑然一体,在欣喜中永获安宁。"如果真的能够认真去过属于你的生活,亦即把握好当下的时光,你的余生就可以遵循着内心神明的意愿,高贵且无忧无虑地生活了。

4

人们爱自己胜过爱其他任何人,但是相比于对自己的看法之重视,却永远更在意别人对自己的看法,这真是怪异无

---

① 恩培多克勒:古希腊哲学家、科学家,认为宇宙起初是一个球体,混沌不分。

比。如果神明或某个智者来要求我们说：不要经过任何思考或计划，第一时间说出那些无法光明正大地说出来的事情。这种要求恐怕我们一天也无法忍受。我们总是太过在意邻居对我们的看法，而忽略了我们的自我认知。

5

那些善良的人，那些和神明最为接近的人，那些行为虔诚且对神明敬重有加的人，他们死后怎么会不得重生而永远消失呢？对人类仁慈的神明，在把一切事务都井然有序地安排妥当之后，又怎么会单单忽略这件事？

如果事实确是如此，就要相信事情本就该如此，不然神明会另作安排。因为凡是公正的，就都是可能发生的；如果是符合自然的，自然也会如此去做。然而事实并非如此，也确实并非如此，那么你要相信：事情就不该如此。你一定也意识到了，这样质疑神明已经是大不敬了，不该这般去质疑神明，即使伟大公正的神明容忍你这般去做。如果神明是伟大且公正的，他们便不会如此不公正且不合理地忽略任何事情，以至于破坏宇宙正常的秩序。

6

即使是那些没有希望完成的事情，也要坚持去做。你看，左手在其他事情上都不甚灵活，但是在控制缰绳的时候却要比右手灵活,这便是勤奋练习的结果。

7

思考一下,当面对死亡的时候,我们的身体和灵魂应该处于什么样的状态;想一想生命的短暂,过去和未来的无边无际,以及万物的纤弱。

8

剥去事物的外壳,思考它们的形式;思考行为的目的;想一想什么是痛苦,什么是快乐,什么是死亡,什么是荣誉;思考一下造成我们不安的因素是什么;为什么任何他人都无法妨碍我们自身?因为万事万物都取决于我们的观念!

9

运用原则之时,要像拳击手而不是角斗士那样,因为角斗士放下手中的剑后还要重新拿起来,不然就会被杀死,而拳击手除了自己的双手,不需要借助其他任何外物。

10

把事物分解成形式和目的来审视,看一看它们的本质是什么。

11

只做神明赞许的事,并接受神明给予的一切,人是多么有力量啊!

12

对于遵循自然之道所发生的一切事,不要责怪神明,因为不论是出于自愿还是非自愿,他们都没有做错什么;也不应该责怪人类,因为即使做错了什么,也不是出于他们的本意。总而言之,我们不应该责怪任何人。

13

一个人如果对生命中发生的任何事总是感到惊奇,那他真是一个可笑的陌生人。

14

宇宙中要么存在一种不可战胜的必然秩序,要么存在某种天意,要么就是被没有主导者和任何目的的混乱所控制。如果存在这种不可避免的必然秩序,为何还要抵抗?如果存在能够自我调节的天意,那就努力让自己配得上神明的指引。如果是被没有主导者的混乱所控制,你应该庆幸自己拥有理性。如果这混乱要把你带走，那就让它带走你卑微的肉体和呼吸等，因为它无法带走你的理性。

◻ 15

一盏灯在熄灭之前，会一直散发光明；难道在你死之前，拥有的真理、公正和节制，就都要提前消逝了吗？

◻ 16

你认为某人做错了事，思考一下："我如何知道他做的是错的呢？"即使真的是他做错了，我又如何知道他没有责备自己呢？自我责备就像是撕裂了自己的面容。

不允许坏人作恶，就等于是不要让无花果树结果、婴儿啼哭以及马儿嘶鸣，这一切都是必然发生之事呀！一个拥有如此本性的人，除了如此还能做些什么呢？如果你被他所做的事激怒，那就责怪他的本性好了。

◻ 17

不恰当的事，不要做；不真实的话，不要说。控制好你的冲动。

18

不管是什么事，都要透过现象看本质。解决问题的时候，要把它分解成形式、本质、目的和持续时间的长短，然后进行分析。

19

你要意识到，相比于在感官操控下所引起的各种反应，你拥有更好也更神圣的品质。此刻你心中在想些什么呢？恐惧吗？疑虑吗？情欲吗？还是别的什么？

20

首先，不论做什么事，都要经过深思熟虑，目标明确。其次，所有的行为都要以服务社会为唯一宗旨。

21

不久之后你将消失，你现在所看到的一切事物，以及现在生活着的所有人也都会消失。根据自然的法则，万事万物都必定要经历改变和转化，然后消亡。只有这样，未来的事物才能够接替而生。

◘ 22

记住！一切事物都存在于我们的观念之中，而观念是我们能控制的。做选择的时候，如果能够消除一切观念，你就可以像那经过海岬的水手，转角就寻得一片波澜不惊的宁静海湾。

◘ 23

任何活动，只要在恰当的时间停止，就不会给活动带来什么伤害；人们的行为，如果在恰当的时间停止，同样不会给其造成伤害。同理，所有行为的集合构成了我们的生命，如果它们都能在恰当的时间结束，那么我们也不会受到伤害。

如果有人在恰当的时间结束了生命，也可以称得上是恰当的。但所谓恰当的时间和终点皆取决于自然，有时亦由人的特殊本性决定，比如当我们年事已高的时候。

但多数时候取决于宇宙的本性，也就是说，宇宙通过不断改变其一部分，来保证整体永远完美，保持活力。所有有益于宇宙整体的事物都是好的，恰当的。因此，生命的终结并非不幸。死亡并不可耻，因为它独立于我们的意志之外，也没有损害人类整体的利益。死亡非但不可耻，而且还是好的，因为生命是在恰当的时间结束的，并且符合宇宙本性且有益于整体。一个人如果按照神明的指引去做事,并思索和神明一样的目标,就可以称得上是神明的追随者。

24

这三条原则你要时刻牢记于心。首先,不论做什么事都要经过深思熟虑,并坚持公正的原则。要了解,身外的所有事情,要么是机缘巧合下发生的,要么遵循着一定的天意,因而你无须责怪巧合或者谴责天意。其次,思考一下,一个人从孕育之初到秉持灵性,从秉持灵性到把它归还宇宙,这期间人的本性是什么,人是由什么组成的,最后又会分解成什么?最后,如果你突然飞离地面到了半空,俯瞰一下人类,观察一下他们的多样性,观察一下周围的大气和形形色色的众多生命,不论你多少次飞离地面,都将看到同样的事物:千篇一律的形式和转瞬即逝的生命。这些难道是值得骄傲的事吗?

25

扔掉所有的观念,你便获救了。有谁可以阻止你扔掉你的观念吗?

26

如果你被什么事情所困扰,那一定是忘记了下面这几点:

所发生的一切事情都是遵循宇宙本性的；他人错误的行为并不会给你带来任何影响；现在所发生的一切，同样也发生在过去和未来，世界各处所发生的事情也都一样；每个人与人类整体之间有密切的关联，人类不单单是拥有共同血脉的统一体，而且还享有共同的理性；每个人的理性都是一位神明，来自于神性的释放；没有什么东西是属于一个人的，人的子嗣、身体和灵魂都来自神明；所有的一切都取决于观念；每个人的生命都只有当下这一次，唯一可以失去的也只有当下的生命。

27

时常想一想那些满腹牢骚的人，想一想那些过分在意名誉、敌意、不幸和财富的人，这些人现在又在哪里呢？都化为了青烟、尘土和传说，甚至连传说也未曾留下。另外，也想一想：在乡间生活的法比乌斯·卡特琳诺斯[1]，在花园的陆舍斯·卢帕斯[2]，在拜爱的斯德丁尼阿斯[3]，在卡普瑞的提比略[4]和在维利亚的鲁佛斯。思考一下：人们是如何带着骄傲去迫切地追求某些东西的；人们费尽周折得到的事物，原来都

---

[1] 法比乌斯·卡特琳诺斯：只知此人酷爱乡间生活，具体生卒不详。

[2] 陆舍斯·卢帕斯：只知此人以擅长园林布置而知名，具体生卒不详。

[3] 斯德丁尼阿斯：只知此人可能是一名富有的医生，具体生卒不详。

[4] 提比略：罗马帝国的第二任皇帝，公元14年—31年在位。在罗马古典作家的笔下，他被定义为荒淫、残暴、不问政事的皇帝。但近世史家通过对当时文献的研究认为他在位期间颇有作为。

一无是处！如果人们能够利用得到的一切机会，去展示他的正义、节制和对神明的虔诚，那将是多么明智啊！那种自以为毫不自负的自负是最让人难以忍受的。

28

如果有人问我："你在何处看到了神明？你是如何确认神明的存在，才对神明这般虔诚的？"我便回答他："首先，神明是我们的肉眼可以看到的①。其次，尽管我没有见过我的灵魂，但是我很尊重它。它给予我源源不断的力量，进而使我确信了神明的存在，并且尊敬它。"

29

想要获得生命的救赎，在于观察事物的时候，需要看到其整体、其现实、其本质和其成因；做事要秉持公正，说话要坚持真理。在做完一件善事之后紧接着去做另一件善事，进而从生命中获得快乐。除此之外，生命还剩下什么呢？

30

太阳拥有统一的光辉，尽管它会被高墙、山脉和其他无

---

① 指日月星辰而言。斯多葛派哲学家认日月星辰就是神明。

数事物所阻断。宇宙中存在共同的本质，尽管它散布在各个不同的事物之中。自然拥有主导的灵魂，尽管它被分配给了众多的生物且各有限度。理性的灵魂也是统一的，尽管它看似被划分成不同的部分。上述事物之中，空气等物质是所有事物存在的基础，它不具备感觉，互相之间也并不亲近。但即使是这些物质，也被统一的理性和吸引力交织在一起，互相聚拢。我们的心灵喜欢向和它本性相近之事靠近，并乐于与之合并。因而，团结友爱是它的本能。

◼ 31

你在寻求什么？持续的生命吗？那么感觉呢？还有欲望、成长、语言的使用和运用思想呢？有哪些是你认为值得去追求的？如果你认为这些都毫无价值，也不值得去追求，那就专心去追随理性和神明吧！如果你看重它们，在临死前会因为失去它们而伤心，那便偏离了追随理性和神明的正确道路了。

◼ 32

在无尽无止的时间中，人的生命是多么短暂啊！眨眼之间，我们便已经消逝在时间的长河里了。你的身体在整个宇宙中是多么渺小啊！你的灵魂在宇宙中是多么微不足道啊！我们脚下生活的这片土地，不过是地球的沧海一粟。把这些牢记于心,按照理性的指引去做事,并接受宇宙本性带给你的一切,除此之外,不要去思考其他任何的事情。

■ 33

理性是如何对待自我的?这是一切问题的关键。至于其他的一切,不论你有没有选择的余地,都不过是尘埃和青烟罢了。

■ 34

即使是那些把享乐当作幸事,把痛苦当作不幸的人,他们也同样蔑视死亡。想想这些人,可以帮助你蔑视死亡。

■ 35

对于能在恰当的时间结束生命的人而言,他不会畏惧死亡。这种人只遵循恰当的理性行事,多做一点或少做一点,对他来说都没有差别;在世上生活的时间长一点或短一点,对他来说也都一样。

■ 36

人啊,你已是这世界的公民,不论是生活五年还是一百年,又有什么区别呢?宇宙的共同法则对所有人都一视同仁。把你带到世上来的是自然，不是暴君，也不是公正的法官把你驱逐出去，那这又有什么关系呢？雇用喜剧演员的长官，随时都有可能把他赶下舞台。"可是五幕的喜剧，我才刚刚演完三幕啊。"即使如此，在人生中三幕就已经是全部的生命了。最初创造了你的自然，此刻决定要让你消失了。你生命的结束与否要由自然来决定，而不是你本人。那么，优雅地结束你的生命旅程吧，因为决定结束你生命的自然同样也是优雅的。